Boris Bankl ist Autor mit über 35 Jahren Erfahrung im Bereich Kampfkunst, Selbstverteidigung, Tai Chi und Qi Gong. Er war von Anfang an begeistert von asiatischer Philosophie, insbesondere dem Yin und Yang, aber auch dem I-Ging, dem Tai Chi, der Lehre des Dao, dem Wu Wei und dem Zen.

boris felix bankl

Hüter des Gleichgewichts

Wie wir die Spaltung überwinden und
zur Einheit zurückkehren.

Herstellung und Verlag: BoD GmbH, Norderstedt

Bibliografische Informationen der Deutschen Nationalbibliothek:
Die Deutsche Nationalbibliothek verzeichnet diese Publikation in
der Deutschen Nationalbibliografie; detaillierte bibliografische
Daten sind im Internet über http://dnb.d-nb.de abrufbar.

© 2021 – boris felix bankl – 2. Auflage
Herstellung und Verlag: BoD – Books on Demand, Norderstedt
Umschlaggestaltung: jvb & bfb – Grafik & Design

ISBN: 978-3-7526-4457-9

An alle Hüter:

Die Zeit ist jetzt!

Inhaltsverzeichnis

Vorwort

Ein paar persönliche Worte als Einleitung.

Für alle, die mit diesem Buch begonnen haben und mich (noch) nicht kennen, stelle ich mich kurz mit ein paar Eckdaten vor, die maßgeblich dafür sind, warum ich Nachfolgendes geschrieben habe. Jetzt bin ich 49 - glaube ich (ich weiß zur Zeit oft nicht einmal, welcher Wochentag ist).

Ich habe über 35 Jahre leidenschaftlich Kampfkunst gelebt (und aus gesundheitlichen Gründen eine Pause eingelegt), davon habe ich über 20 Jahre unterrichtet. Neben meiner Kampfkunst „Kien Kun Do" auch Tai Chi/Qi Gong betrieben und vermittelt. In diesem Zusammenhang war meine Beschäftigung mit asiatischen Philosophien (und Symbolen) intensiver als in anderen Bereichen. Soll heißen, ich habe mir auch andere Konzepte, Ideen oder Erklärungsmodelle angesehen, aber längst nicht so tiefgehend. Sehr früh hatte ich einen starken innerlichen Bezug zum Yin und Yang. Und die grundsätzliche Idee des Daoismus (auch: Taoismus) war für mich ebenfalls sehr zugänglich, da sie eine sehr freie und ungezwungene ist.

Ich bin alles andere als ein Dogmatiker und bin stets meinen eigenen Weg gegangen. Grundsätzlich halte ich nichts von einengenden Strukturen, (Betonung liegt auf 'einengend', nicht auf 'Struktur'). Was sich - für mich - gut anfühlt, behalte ich, was sich - für mich - nicht gut anfühlt, werfe ich wieder über Bord oder passe es an. Und: Was es noch nicht gibt, erschaffe ich mir selbst. Somit war meine Kampfkunst schlussendlich meine eigene Zusammenstellung aus meinen persönlichen Erfahrungen und das steht für mich stellvertretend für meinen gesamten bisherigen Lebensweg einschließlich meiner Denk- und Lebensweise.

„Ich bin diesen Weg gegangen, ich bin jenen Weg gegangen, dann bin ich MEINEN Weg gegangen."
(Chinesische Weisheit)

Für mich sind Freiheit, Kreativität und Persönlichkeit (Individualität) sehr wichtige Werte. Systemkritisch war ich schon immer, weswegen ich beispielsweise ein Studium der Sonderpädagogik zwar mit erstem Staatsexamen abschloss, aber dann nicht weiter verfolgen mochte, weil es mich zu tief in das System gebracht hätte. Schon immer spüre ich die Enge des Systems und empfinde die 'Bürokratie' als Hemmschuh.

Als ich in den letzten Jahren immer mehr Zwänge aufkommen sah und letztlich aufgrund der großen C-Krise die Macht des Staates und des Systems über mich spürte sowie dessen offensichtliche Doppelmoral (wohl eher Multi-Moral) zu Tage trat, fühlte ich mich beengter denn je und völlig aus meinem - mir heiligen - Gleichgewicht gebracht. Auf der Suche nach Antworten verbrachte ich Unmengen Zeit im Internet und stieß einmal mehr auf die schiere Unendlichkeit an Material und unterschiedlichsten Erklärungsmodellen, (die leider oft geprägt sind von jeder Menge tief sitzender Überzeugungen (Glaubenssätzen)).

So wurde die Suche sehr schnell zur Sucht (den Wortzusammenhang habe ich mal irgendwo gelesen und finde das nach wie vor sehr zutreffend). Ich halte mich für einen sehr offenen Menschen und ich gebe mir stets Mühe, nicht vor-urteilend und bewertend zu sein. Doch es gibt inzwischen schon echt krasse Theorien über unsere Realität. Mir geht es bei irgendwelchen dieser Thesen, die andere haben, nicht darum, ob sie zutreffen oder nicht. Es mag dunkle Hintergrundmächte geben, die die Fäden in der Hand haben oder nicht, es mag Außerirdische geben oder nicht. Die Bibel mag recht haben oder nicht. Es mag den Satan oder die „Krieger des Lichts" geben oder nicht. Einen großen Plan oder nicht, usw.

Tatsächlich denke ich, dass keiner „weiß" und im großen Spiel des Lebens alle nur spekulieren können.

Worum es mir geht, ist die Gefahr, die ich hier sehe, nämlich, dass wir uns verlieren in einer Vielfalt von Konstrukten und unsere Energie zerstreuen (lassen), uns verzetteln und uns weiterhin gegenseitig bekämpfen anstatt uns zu vereinen.

Ich für meinen Teil halte mich gerne an direkt Erfahrbares und mache gerne aus Vielem lieber Weniger, aus Komplexität lieber Einfachheit. Ich versuche, vom Abstrakten ins persönlich Konkrete zu kommen. Ich halte sehr viel, wenn nicht alles, für möglich, kehre dann aber gerne wieder in meine direkt erfahrbare Welt (wenn ihr wollt, in mein persönliches Hier und Jetzt) zurück.

In solchen Momenten (hier eher Monate) der Verwirrung besinne ich mich also gerne wieder auf mich, meine Werte und die für mich bewährten Konzepte.

Durch einen Impuls von außen wurde ich kürzlich wieder auf das Yin und Yang gelenkt.

Es wird meines Erachtens nach stets falsch (ein gefährliches Wort, ich benutze es hier trotzdem) interpretiert und in diesem „Fehler" liegt für mich der Kern des Problems und gleichzeitig der Schlüssel zur Lösung. Damit entstand schließlich die Idee zu diesem Buch.

Wichtig: Bleibe bitte gerne bei dem, was du glaubst! Ich will ganz sicher niemandem irgendein Konzept oder gar eine Anschauung aufzwingen!

Das sage ich, weil ich schon mehrmals gemerkt habe, dass die Gedanken, die ich mittels des Yin und Yang weiterzugeben versuche, bei manchen irgendetwas auslösen, an eine Grenze oder Mauer stoßen. Sie erzeugen eine Blockade, treffen einen Glaubenssatz oder eine Weltanschauung.

Ich bin jemand, der im Grunde nahezu alles hinterfragt. Ich versuche mich, von (alten und neuen) Überzeugungen (Glaubenssätzen) und Konzepten zu lösen, um freier zu werden, frei zu sein, und nicht, irgendeine vorherige Überzeugung einfach nur durch eine neue zu ersetzen.

Ich nutze das Yin und Yang (und die damit verbundene Philosophie) als Erklärungsmodell. Letztlich lassen sich dafür selbstverständlich andere Worte und Symbole finden. Bitte folge immer deinem eigenen Gefühl. Lass aber bitte nicht zu, dass das Ego seinen besten Trick auffährt: Dir zu sagen, du müsstest dich vor etwas schützen, weil es falsch ist und dir Schaden zufügt. Das macht es nur, wenn es selbst in Gefahr ist.

Das ist ein perfider Schutzmechanismus.

Sein zweiter, auch sehr beliebter Trick ist, dir zu sagen, du weißt schon alles!

Ich kann nur empfehlen, näher hinzusehen und zu HINTERfragen, was dich stört. Und dann vielleicht, warum es dich stört. Und dann weiter, ob du es (den Glaubenssatz, die Überzeugung, das Vorurteil) behalten oder auflösen willst.

Für mich ist das in etwa so, als ob es ein „großes Bild" (Mysterium) gibt, das mit einem Vorhang verhängt ist und wir alle schauen darauf durch kleine Löcher in diesem Vorhang. Wir blicken alle auf das gleiche Bild, halten aber nur unseren Ausschnitt für die Realität. Wir sind von diesem Ausschnitt als Wahrheit überzeugt. Und viele verteidigen ihre Sicht der Dinge als die „einzige Wahrheit". Und so kämpfen sie gegen die anderen, die eine „andere Sicht" der Dinge haben ohne zu merken, dass sie alle auf das gleiche Bild schauen.

Erkenntniserweiterung (oder Bewusstseinserweiterung) verstehe ich als den Prozess, das Loch im Vorhang immer größer zu machen. Sich durchzubohren zur „großen Wahrheit". Aber immer im Hinterkopf zu behalten, dass auch die anderen (mit anderen „Löchern") das gleiche Bild betrachten. Dann hört der

Kampf und die Besserwisserei und das Überzeugen-Wollen auf und wir fangen an, gemeinsam zu „ent-decken".

Mein Glaube: Ich glaube (ich benutze dieses Wort sehr bewusst, denn es ist kein Glaube im religiösen Sinne und auch kein Wissen im modernen Definitionssinne - es lässt sich auch durch „ich spüre" ersetzen), dass die Idee des Yin und Yang uns helfen kann, die wahre Problematik hinter unseren Problemen zu sehen. Ich glaube (!), dass bewusstes Anschauen und Erkennen dazu führen kann, Probleme aufzulösen. Und ich glaube (!), dass ich, wenn ich bei mir (im Kleinen) etwas ändere, auch etwas in der Welt (im Großen) bewirken kann.

Kennst du das, wenn du spürst, dass etwas für dich stimmig ist und du es „verstehst", dir fehlen aber die Worte, es anderen zu erklären?

Laotse soll sinngemäß gesagt haben: Das „Dao", das in Worte gefasst werden kann, ist nicht das ewige Dao. (Dao meint so etwas wie: „der große Weg", „das große Mysterium", „die große Wahrheit" - „Gott?").

Worte sind nur ein Transportmedium von Information, eine Art Wegweiser. Ein Fingerzeig.

Ich merke immer wieder, dass es bisweilen wirklich schwierig ist, das, was ich vermitteln will, so auszudrücken, dass es für andere verständlich wird. Der Weg vom Kopf auf das Papier ist ein sehr schwieriger! Letztlich werde ich im Grunde immer wieder die EINE Sache aus unterschiedlichen Blickwinkeln beleuchten, um hoffentlich halbwegs verständlich das zu kommunizieren, was ich tatsächlich zu sagen habe. Ich habe einmal gehört, „es ist nicht wichtig, was man sagt, sondern, wie man verstanden wird". Ich hoffe, wir nähern das eine dem anderen an.

Wir erleben gerade eine Zeit, in der die extremen Ereignisse weltweit Ping Pong spielen. Und immer wieder ist die Geschichte voll von Beispielen, die zeigen, wie Menschen sich überzeugen wollen, Parteien sich einen Wahlkampf liefern, Kontrahenten sich bekämpfen, Feinde sich bekriegen. Die 'Einen' unterdrücken die 'Anderen' oder wollen sie komplett beseitigen. Und dann wollen das die 'Anderen' mit den 'Einen' machen. Harmonie und Ausgeglichenheit sind immer seltener zu entdecken. Und auch wenn wir eine lange Phase des Friedens hatten, wollen wir alle sicher nicht, dass das jetzt ins Gegenteil umschlägt. Mit diesem Buchinhalt möchte ich dir zeigen, woran es liegen könnte, dass wir Menschen uns nicht 'einig' sind und ich kann zudem hoffentlich einige Denkanstöße liefern. Im besten Falle vielleicht sogar ein paar Lösungsansätze. Letztlich bleibt es jedoch nur 'graue Philosophie', wenn wir die Idee dahinter nicht gemeinsam ins Leben tragen.

Das alles hier wird keine wissenschaftliche Abhandlung. Für mich persönlich ist es nicht wesentlich, ob die Asiaten (oder wer auch immer) das früher (oder heute) genauso gesehen haben oder nicht. Für mich ist es egal, ob historisch irgendetwas korrekt ist oder nicht. Mir ist es nicht so wichtig, wo es herkommt, sondern wichtiger, wo es uns hinbringt.

Das Ganze ist ein philosophischer Ansatz, wobei für mich das Wort Philosophie als Synonym steht für „Erklärungsmodell", „Denkschablone" oder „Denkanstoß".

Vielleicht schon zwischendurch, in jedem Falle gegen Ende, werde ich mir größte Mühe geben, dir ein paar Ideen (Lösungsmöglichkeiten) an die Hand zu geben, wie sich die Philosophie auch mit der Lebenspraxis vereinen, sprich: Im Alltag umsetzen lässt. Insgesamt gehen wir gemeinsam einen Weg vom an sich Einfachen zum Komplexen (um zu er-klären) und wieder zurück zu einer (neuen) Einfachheit.

In diesem Sinne freue ich mich, wenn du dabei bleibst.

Zen-Geschichte

Ein Zen-Meister wurde gebeten, den Unterschied zwischen Mensch und Tier zu erklären, denn letztendlich besäßen doch beide in gleicher Weise die Buddha-Natur. Der Zen-Meister lächelte: „Gut, ich werde euch den Unterschied zwischen Ratten und Menschen erklären: wenn wir eine Ratte wiederholt in ein Labyrinth mit vier Tunneln setzen und zuvor immer in den vierten Tunnel ein Stück Käse legen, lernt die Ratte schließlich, immer in den vierten Tunnel zu gehen, um an den Käse zu gelangen. Ein Mensch lernt das auch. Du willst Käse, also gehst du in den vierten Tunnel, und dort ist er. Jetzt verlegt aber der große Gott des Lebens nach einer Weile den Käse in einen anderen Tunnel. Die Ratte geht in den vierten Tunnel. Kein Käse im vierten Tunnel. Die Ratte kommt raus. Geht wieder in den vierten Tunnel, kein Käse. Kommt raus. Wieder in den vierten Tunnel. Kein Käse. Kommt raus. Und so weiter. Schließlich hört die Ratte irgendwann auf, in den vierten Tunnel zu gehen und sucht woanders und hier zeigt sich jetzt der Unterschied zwischen Ratten und Menschen: Menschen gehen immer in den vierten Tunnel! Ewig! Menschen sind vom vierten Tunnel 'überzeugt'. Ratten sind von nichts überzeugt; sie interessieren sich für den Käse. Der Mensch aber entwickelt eine Überzeugung: den Glauben an den vierten Tunnel. Der Mensch fängt sehr schnell an, es für richtig zu halten, in den vierten Tunnel zu gehen, – ob Käse drin ist oder nicht. Der Mensch hat lieber recht als seinen Käse! Ihr habt lieber recht, als dass ihr glücklich seid, und um euch und anderen zu beweisen, dass ihr recht habt, rennt ihr seit Jahren immer wieder in vierte Tunnels. Eure Gehirne wollen lieber Recht behalten, als euch glücklich sein lassen. Und genau deshalb habt ihr schon lange keinen Käse mehr bekommen.

(Aus: Marco Aldinger - "Was ist die ewige Wahrheit?" "Geh weiter!")

Das Wichtigste vorab

Ich war lange am überlegen, ob ich es tun soll: Mit der Tür ins Haus fallen? Soll heißen, die Kernaussage meines Buches direkt zu Beginn stellen. Ich habe mich entschlossen, es zu tun. Denn, falls du - warum auch immer - nicht mehr weiterlesen könntest, so habe ich das Wichtigste schon mitgeteilt. Ich werde in den folgenden Kapiteln zwar immer wieder unterschiedliche Blickwinkel auf dieses Thema richten, doch du könntest meinen Grundgedanken notfalls alleine weiter denken.

Stelle dir bitte für einen Moment vor, es gibt tatsächlich einen übergeordneten Kampf zwischen den Mächten von Gut und Böse. Ist es dann nicht ein guter Schachzug, wenn nicht sogar DER Schachzug des Bösen, wenn es dem Guten glaubhaft macht, dass ein Teil von ihm (dem Guten) böse und schlecht ist?

Mit dieser falschen Erkenntnis wird das Gute nämlich einen auf ewig fortwährenden Kampf gegen sich selbst führen und dort seine ganze Kraft und Energie aufreiben und verbrauchen.

And the winner is...

Das Wichtigste ist nämlich, von Anfang an zu verstehen, dass das Gute immer zwei Seiten hat und nur eine Seite, eine Partei, ein Teil für sich alleine, niemals „Das Gute" sein kann!

Yin und Yang

Kommen wir zur Sache!

Die meisten werden das Yin und Yang-Symbol kennen.

Wenn ich die Frage stelle, was dieses Symbol bedeutet, wissen viele, dass es um zwei Hälften geht, die ineinander verschlungen sind wie zwei Fische, die sich im Kreis drehen. Wenn ich weiter frage, was die beiden Hälften bedeuten, antworten manche mit schwarz/weiß (immerhin gute Beobachter), manche mit oben/unten (erste Transferleistung) oder Himmel/Erde (gesteigerte Transferleistung). Einige bringen Mann und Frau mit ins Spiel. Durchaus möglich!

Bei noch etwas mehr Nachfragen, kommen dann die abstrakteren Begriffe ins Spiel wie positiv/negativ, gut/schlecht und schließlich das Gute/das Böse.

Doch damit beginnt der 'Fehler'.

In unserem dualistischen Verständnis werden diese beiden Hälften als Gegensätze verstanden (VERSTANDen!). Die eine Hälfte wird dann zum Bösen, Destruktiven, Kampf, Krieg etc., die andere Hälfte zum Guten, Konstruktiven, zur Harmonie und zum Frieden erklärt.

Genau darin liegt das gesamte Übel der Menschheit und damit auch unserer Zeit!

An folgenden Schau-Bildern möchte ich dir zeigen, worin der Unterschied zwischen der Wahrheit und der Lüge tatsächlich liegt:

Wahrheit

Richtig
Lösung
Frieden
Das Gute
Selbst (Ich)
Ganz sein
Heil und gesund sein
Vereinigung
Freiheit

Lüge

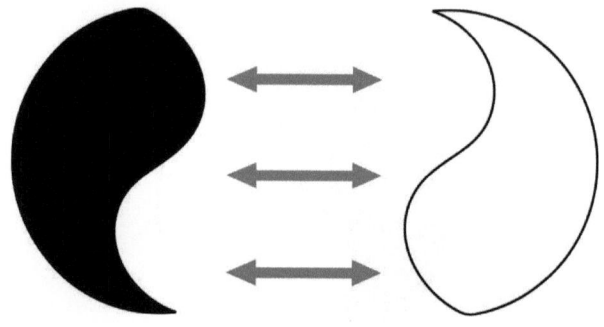

Falsch
Problem
Krieg
Das Böse
Ego
Gefühl der Trennung
Krankheit
Spaltung/Partei
Zwang

Das, was wir als wahr empfinden, ist stets die harmonische Verbindung polarer Kräfte.

Gegensätze stehen als Kontrahenten gegenüber, als Gegen-Teile, die sich stets überzeugen, übertrumpfen und bekämpfen müssen.

Bei Polaritäten handelt es sich hingegen immer um GegenSTÜCKE, die einander erGÄNZEN (GANZ machen) und ohne einander überhaupt nicht existieren können. Wie beispielsweise soll es den Tag ohne die Nacht geben? Oder hell ohne dunkel? Wie kann es das Einatmen ohne das Ausatmen geben oder einen Herzschlag ohne den Wechsel von Zusammenziehen und Erschlaffen?

Es ist ein oft allmählicher und idealerweise sanfter Übergang vom einen Erscheinungsbild zum anderen. Die polaren Kräfte wechseln sich ab. Das weiche Fließen von einem Pol zum anderen können wir als dynamisches Gleichgewicht bezeichnen. Dynamisch ist dabei als sehr wichtig hervorzuheben, weil es in diesem Spiel der Kräfte keinen Stillstand gibt.

Ich nehme gerne das Beispiel der Atmung, um zu verdeutlichen, was hier gemeint ist. Es zeigt uns am deutlichsten den Unterschied von Ausgewogenheit und Extremen. Uns geht es gut, wenn wir gleichmäßig einatmen und ausatmen. Atme einmal über einen längeren Zeitraum nur ein! Oder nur aus! Du wirst merken, dass dieser „längere Zeitraum" nicht sonderlich lang sein wird. Es ist unmöglich. Schon nach Sekunden wirst du merken, dass das so nicht lange weiter geht. Das ist es, was ich meine, wenn ich sage, unser System unterliegt einem sanften Wechsel zwischen den Polen. Du kannst auch einmal versuchen, nur wenig einzuatmen, dafür immer viel auszuatmen. (Oder umgekehrt). Das hältst du etwas länger aus, aber auch hier spürst du schnell und deutlich, was ein „ungleiches Verhältnis" bedeutet.

Es ergibt sich hierbei ein gegenseitiges Hervorbringen und Bedingen und die Auslöschung des Einen zieht unweigerlich die Auslöschung des Andern nach sich!

Schwierigkeit vieler Weltanschauungen (und dazu zähle ich auch viele der spirituellen Konzepte): Sie neigen zur Polarisierung (also dem ergreifen einer „Partei" bis hin zum Abrutschen in einen Extremzustand). Heute begegnen uns somit vielfältige Formen von Extremismus.

Hier herrscht der leider meist unerschütterliche Glaube, dass eine Seite die alleinige Wahrheit besitzt. Nicht selten wird diese Wahrheit mit aller Gewalt durchzusetzen versucht. Daraus leiten sich Krieg und Terror ab.

Extremismus entsteht dadurch, dass ein Teil – und hier spielt es überhaupt keine Rolle, welcher von beiden – die Oberhand gewinnen will und den anderen Teil sozusagen überwuchert, vereinnahmt und im schlimmsten Falle auszulöschen versucht.

Auch das möchte ich dir anhand eines Schaubilds veranschaulichen:

Extremismus

Spaltung mit Steigerung eines Teils ins Extreme
mit gleichzeitiger Unterdrückung und/oder
Leugnung des anderen Teils.
Streit, Kampf, Krieg mit Überzeugen-Wollen vom eigenen Standpunkt entstehen!

Es wird etwas (ein Teil) als das Gute und Richtige hingestellt, z.B. das Licht. Und das andere (der ergänzende Teil) als das Böse verteufelt, z.B. die „Dunkle Seite". Wenn ich so denke, ist es egal, auf welcher Seite ich stehe: Ich gehöre immer zu den 'Guten' und die anderen zu den 'Bösen'. Und auch wenn ich nicht gleich diese beiden hochtrabenden Worte benutze, bin ich zumindest auf der Seite der 'Wissenden', 'Erwachten' und die anderen sind die 'Unwissenden', 'Schlafenden'. Kommt dir das bekannt vor?

Doch warum leugnen wir die „andere Seite"? In der Psychologie nennt man das Verdrängung. Ich tue einfach mal so, als ob es das, womit ich mich nicht auseinandersetzen mag, einfach nicht gibt. Ich erzeuge die Illusion, es gibt nur die eine Seite und verteidige sie als die einzig wahre Sichtweise. (Wir kommen zu einem späteren Zeitpunkt noch einmal auf dieses Thema). Das führt nahezu immer zu extremer Spannung, zu Konflikten, zur Un-Einheit und damit zu Kampf und Krieg! Mindestens führt es zu Verunsicherung oder einer Desorientierung bis hin zur Verwirrtheit. Dabei ist es auch hier leicht zu erklären: Warum beispielsweise nur das Licht? Setz dich mal eine Zeit lang in einen hell erleuchteten Raum. Nur Licht! Wie lange hältst du das aus? Wie lange kommst du ohne die Dunkelheit klar? (Nicht ohne Grund ist das eine Foltermethode!) Aber auch umgekehrt. Wie lange hältst du es in völliger Finsternis aus? Ist nicht der sanfte Wechsel zwischen Tag und Nacht und wieder Tag ein wunderbares Kennzeichen für natürliche Ausgeglichenheit?!

Die einen predigen das Licht, die anderen die Dunkelheit. Gott und Teufel? Warum?

Die einen propagieren den Verstand, die anderen das Gefühl (oder das Fühlen). Warum?

Es ist der verzweifelte Versuch, bei einem Geldstück die Zahl zu leugnen (oder umgekehrt: die Kopfseite), anstatt zu akzeptieren, dass es die zwei Seiten der Münze gibt. Nur diese beiden Seiten sind DIE eine Münze. Nur wenn wir uns komplett annehmen, sind wir ein „Ganzer Mensch".

Dabei ist immer nur die Vereinigung der Pole das Gute und das Auseinanderreißen sich ergänzender Prinzipien das eigentlich Böse. Nur das Eine und das Andere zusammen sind das Ganze, die große Einheit, das Göttliche (sofern man mit diesen abstrakten Begriffen spielen möchte).

Fortsetzung folgt...

Als ein halber Mensch wirst du nie vollkommen sein! Du musst in die Dunkelheit, um das Licht zu finden. In der Dunkelheit triffst du auf die Wahrheit und erst bei der Begegnung mit der Wahrheit wirst du gesunden und ein ganzer Mensch werden.

(Aus dem Film: Die Hüterin der Wahrheit 2)

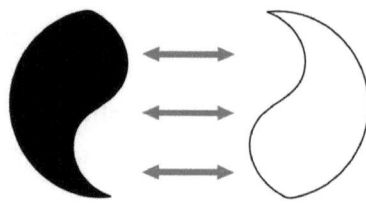

Dunkelheit

Licht
Er-Leuchtung
(Erkenntnis)
Ganzer Mensch
Gesunder Mensch

Bewusstheit

Der Begriff wird dir im Folgenden immer wieder mal begegnen. Daher eine kurze Erklärung, was er für mich bedeutet.

Mir ist es wichtig, ein bewusster Mensch zu sein, aufmerksam, wahrnehmend, achtsam, beobachtend, voller Gewahr-Sein und Wachsamkeit.

Als übergeordneten Begriff für diese Fülle an (für mich) erstrebenswerten Eigenschaften nutze ich gerne das Wort „Bewusstheit". Ich gebrauche es anstelle von „Bewusstsein", weil ich klar hervorheben möchte, dass ich zwar bei Bewusstsein (im Gegensatz zu bewusstlos/ohnmächtig) sein, aber trotzdem wie ein Zombie völlig teilnahmslos durch die Welt taumeln kann.

Das Wort Bewusstheit soll zum Ausdruck bringen, dass ich es mir zur Aufgabe gesetzt habe, möglichst viele innere Prozesse aus den Tiefen des Unbewussten an die Oberfläche des bewussten und aktiven Erlebens hervor zu holen. Ich kann beispielsweise auch Bewusstheit darüber haben, dass ich gerade unaufmerksam bin oder meine Wahrnehmung vorübergehend eingeschränkt ist. Bewusstheit steht für mich als ein 'aktives Arbeiten' an mir selbst. Bewusstheit führt letztlich zur „Selbsterkenntnis". Bewusstheit ist für mich also eine sehr bedeutsame, wichtige und übergeordnete 'Fähigkeit'.

Übung 1

Eine kleine Übung für zwischendurch:

Nimm dir heute, wenn du magst, einfach 5 Minuten, in denen du kurz inne hältst und deine Umgebung um dich herum bewusst wahrnimmst. Wie geht es dir damit? Sende deine 'Bewusstheit' aus und fühle, was zurück kommt.

Tai Chi

Bevor wir mit der Thematik des Yin und Yang fortfahren, sehen wir uns den Begriff „Tai Chi" näher an. Du wirst im Nachhinein verstehen, warum.

Tai Chi gibt es in mehreren Schreibweisen, z.B.: Tai Ji, Taiji, Taichichuan. Das Chinesische hat in seinem Sprachausdruck (Lautmalerei) eine unglaubliche Vielfalt. Kleinste Änderungen in der Betonung können die Bedeutung eines Wortes komplett verändern. Das „Chi" in Tai Chi wird bei uns von den meisten 'tschi' gesprochen, müsste aber eher so wie 'jji' klingen.

Zudem wurde im Deutschen „Chi" oft verwechselt mit dem Begriff für Energie, der da auch heißt: „Chi"! Nur eben anders ausgesprochen. Neuerdings geschrieben bei uns „Qi", wenn es aus dem chinesischen abgeleitet ist, wie bei 'Qi Gong' oder „Ki", wenn es aus Japan kommt; z.B. hast du vielleicht schon mal 'Rei-ki' oder 'Ai-ki-do' gehört.

Daher wurde eine Zeit lang der Versuch unternommen, zu differenzieren, indem aus dem „Tai Chi" das „Taiji" wurde. Ob es das besser gemacht hat, weiß ich nicht. Heute schwirren alle möglichen Schreibweisen umher. Das „Chuan" bedeutet übrigens „Faust", was zeigen soll, dass „Tai Chi" von manchen als Kampfkunst geübt wird.

Tai Chi bedeutet wörtlich übersetzt soviel wie: das „Absolut Höchste", das „Höchste Prinzip", „Vollkommene Harmonie", oder auch die „Große Einheit", das „Große Ganze". Meine liebste Übersetzung ist: „Größte Verbindung" bzw. „Tiefste Verbindung".

Ursprünglich entwickelte sich der Begriff Tai Chi aus der Vorstellung heraus, der Himmel (als Dach) wird von einer großen Stütze, einem Balken getragen, der tief verwurzelt in der Erde steckt. Er ist die Stütze des Himmels und zeitgleich die Verbindung zwischen Himmel und Erde. Dieser Balken wurde „Tai Chi" genannt: Die „Große (oder Größte) Verbindung".

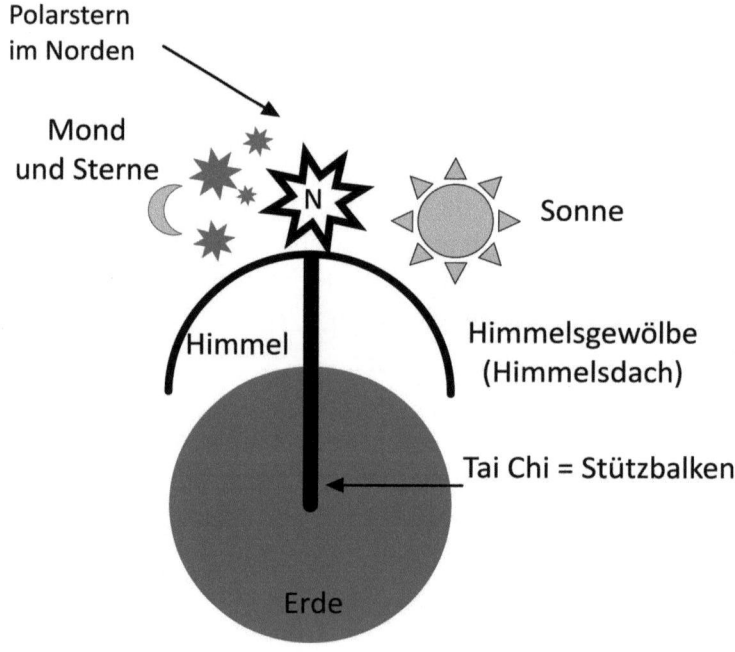

Die chinesischen Schriftzeichen beschreiben diese Symbolik

gleich auf dreifache Weise.

Tai = Groß   Chi = Verbindung

Du siehst, das „Chi" im Tai Chi bedeutet also „Verbindung" und nicht Energie, obwohl die Energie darin eine herausragende Rolle spielt. Doch dazu ein anderes Mal mehr!

Der erste Teil des Zeichens kann wie ein Strichmännchen gesehen werden, das sich groß macht, indem es einen breiten Stand einnimmt und beide Arme weit zur Seite und nach oben streckt. Der Punkt knapp unter Bauchnabelhöhe symbolisiert den Körperschwerpunkt bzw. die Körpermitte, eine Stelle, an der sich nach chinesischer Vorstellung ein großes Energiefeld (Dantien) befindet. Du kannst ruhig einmal probieren, das 'Männchen' (das Schriftzeichen für Tai = groß) auf der nächsten Seite mit deinem Körper nachzuahmen. Du wirst feststellen, wie gut sich manche asiatischen Schriftzeichen darstellen und dadurch in ihrer Bedeutung erkennen lassen.

Der mittlere Teil des Schriftzeichens ist vergleichbar mit dem Zeichen für „Holz" bzw. „Baum". Und ein Baum ist DAS Symbol für etwas, das seine Wurzeln tief in der Erde verankert hat und seine Äste weit in die Höhe (den Himmel) streckt.

Der dritte Part besitzt zwei Linien, eine oben als Himmelslinie und eine unten als Erdlinie. Dazwischen ist wieder eine Art Säule als Verbindung von „Oben und Unten". Gleichzeitig wird durch zwei Striche angedeutet, dass sich Energie von oben herab und von unten hinauf bewegt. Das Quadrat links der Säule steht klassisch für den Mund, die überkreuzten Striche auf der rechten Seite für die Hände.

Im Grunde genommen wird also durch alle drei einzelnen Zeichen des gesamten Schriftzeichens immer das gleiche ausgesagt. Der Mensch - gleich der Baum - gleich die Verbindung. Der Mensch, der sich zum Himmel und in alle Richtungen streckt, sich dabei auf seine Mitte kon-ZENTRIERT und sich seiner selbst und seiner Verwurzelung mit der Erde bewusst bleibt, vermittelt durch seine Worte und Taten die „Große Verbindung" - er wird gleichermaßen zum „Tai Chi".

Der Mensch wird symbolisch zur Verbindung zwischen „Himmel und Erde". „Himmel und Erde" wiederum können als Symbole, als Sinn-Bilder, für unterschiedlichste Pole wie beispielsweise das „Jenseits und Diesseits", das „Spirituelle und das Irdische", sowie das „Unbewusste und das Bewusste" gesehen werden.

Der Mensch wird zum Vermittler (darin steckt das Wort Mitte) zwischen Himmel und Erde, zwischen „Dies" und „Das", zwischen verschiedenen Dimensionen. Er ist Verbindung zwischen den Welten, zwischen den Extremen, zwischen Leere und Fülle, zwischen Yin und Yang.

Im unendlichen Tanz des Lebens stellt der Mensch als 'Tänzer' einen kleinen Teil der „großen Wahrheit" dar. Er transformiert das „Große Prinzip" (das gesamte Leben) in das „Kleine Prinzip" (sein Leben).

Tai Chi ist somit die „große Verbindung" des Menschlichen zum Göttlichen Prinzip. Anders als in vielen Religionen geht diese Verbindung aber nicht nur nach oben zum Himmel. Sie geht nach oben zum Himmel und nach unten zur Erde. Es ist eine vollkommene Verbindung zur kompletten göttlichen Ur-kraft, bestehend aus Mutter Erde und Vater Himmel, aus dunkel und hell, aus Yin UND Yang. Tai Chi ist sozusagen die komplette Integration sämtlicher polarer Urkräfte.

Das hört sich recht abgehoben an, doch ist es im Grunde genommen sehr einfach. Wenn wir im Leben das Gefühl haben, dass uns etwas fehlt oder, dass wir in irgendeiner Form verloren sind, dann deswegen, weil wir selbst die 'Verbindung' (die göttliche Nabelschnur) durchtrennt haben.

Was uns tatsächlich abhanden gekommen ist, ist die Sichtweise, dass uns gar nichts fehlt, sondern wir nur Partei ergriffen haben für einen Teil des Ganzen. Oder, dass wir unser Gleichgewicht, unsere Ausgewogenheit aufgegeben haben, weil wir zu lange in einem Extrem verharren.

Nur, wenn der Mensch in der Mitte (zwischen Himmel und Erde) bleibt, erhält er die „Ver-BINDUNG" aufrecht. Ergreift er Partei für das Eine oder das Andere, verliert er seine symbolische „Funktion" als Mittelsmann. Der Mensch hat immer wieder aufs Neue die Verbindung herzustellen zwischen „Diesseits und Jenseits", „Bewusster Welt und Unbewusster Welt", „Verstand und Gefühl", „Körper und Geist". Nur so fühlt er die Ganzheit in sich. Er spürt, dass bereits alles in ihm vereint ist.

Dann wird er in seiner Seele heil.

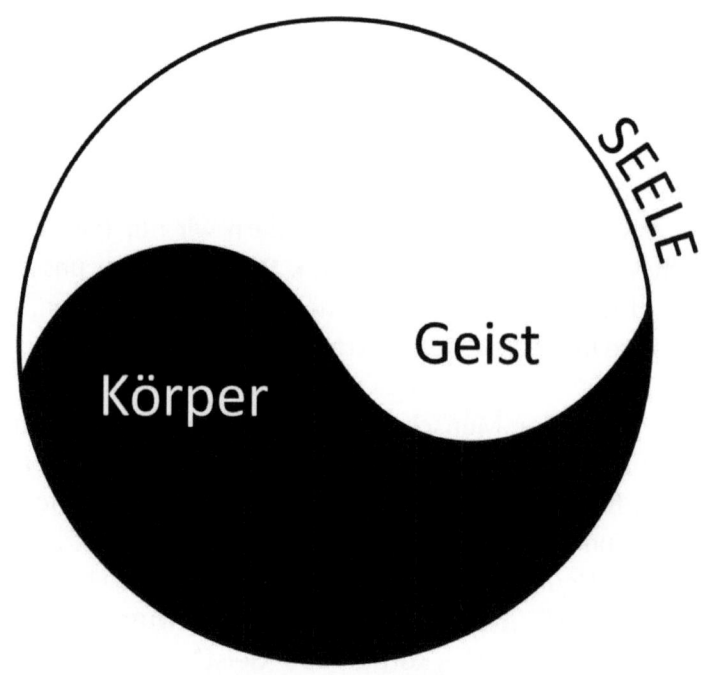

Körper UND Geist sind die Seele

Übung 2

Wenn du magst, stelle dich kurz an einen ungestörten Ort, entspanne ein wenig und nimm deine Atmung wahr. „Verbinde" dich in deiner Vorstellung wie ein Baum nach oben (Himmel) und unten (Erde) sowie in alle Richtungen. Spüre der sanften Bewegung des 'Baumes' im Wind nach. Kannst du deine 'Verbundenheit' fühlen?

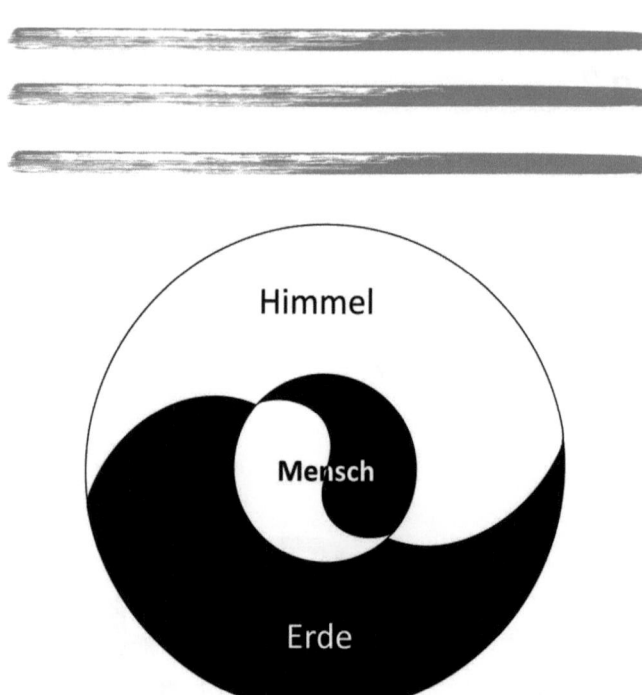

Von jeder Wahrheit ist das Gegenteil ebenso wahr!
Nämlich so:
Eine Wahrheit lässt sich immer nur aussprechen und in Worte
hüllen, wenn sie einseitig ist.
Einseitig ist alles, was mit Gedanken gedacht und mit Worten
gesagt werden kann, alles einseitig, alles halb, alles entbehrt
der Ganzheit, des Runden, der Einheit. Die Welt selbst aber,
das Seiende um uns her und in uns innen, ist nie einseitig.
(Hermann Hesse, Siddhartha)

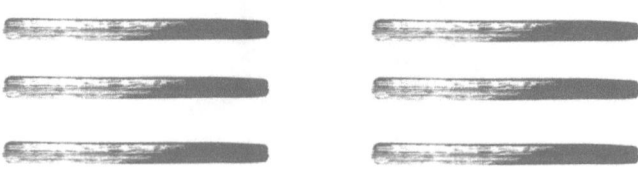

Yin und Yang – zweiter Teil

Nach unserem Ausflug zum Tai Chi kehren wir zurück zum Yin-Yang-Symbol.

Dieses Symbol zeigt uns nicht nur bildlich die Idee der Ergänzung bzw. Ganzheit, es ist im Grunde einfach nur eine andere Darstellung für „Tai Chi" (das große Ganze)!

Das Yin und Yang wird zudem auch „Tai Chi-Monade" genannt! Hier wird erneut mit zwei Ausdrücken das gleiche gesagt. Denn „Tai Chi" bedeutet 'Große Einheit', genauso wie der Begriff „Monade" für 'Unteilbare Einheit' steht.

Das Symbol steht also für „das Ganze", das aus Teilen besteht, aber eine unzertrennliche Einheit bildet.

Es gibt ein Buch, (Daodejing/Tao te King), das Laotse zugeschrieben wird. Der erste Vers ist hier in meinen eigenen Worten wiedergegeben:

„Die Macht und Größe des Universums
lässt sich nicht in Worte fassen.
Sobald du versuchst, sie zu benennen,
beginnst du, sie zu begrenzen.
Die Einheit hat alles hervorgebracht
und alles ist zugleich die Einheit.
Wer dies ohne Hintergedanken wunschlos erfasst,
erkennt das ganze Geheimnis.
Wer behaftet schaut, sieht nur das Sichtbare.
Die Einheit bringt die Dinge hervor,
die verschieden benannt werden.
Und dennoch sind diese die Einheit.
Das ist das große Mysterium."

Wir machen im Folgenden eine Reise vom Einfachen zum Komplexen und wieder zurück zum Einfachen. Wir sehen uns einen möglichen Ursprung des Yin und Yang-Symbols an, schauen, wie eine Grundidee sich immer weiter entwickelt hat und kehren schlussendlich wieder zum Ursprung, zur Einfachheit zurück. Eine philosophische Reise, die tatsächlich auch jeden Lernprozess und sogar unseren gesamten Lebensweg widerspiegelt! Ich hoffe, du bleibst bei mir, denn zwischendurch wird es erst mal richtig abgehoben, doch wir werden wieder landen. Versprochen!

Yin und Yang sind im Chinesischen die Begriffe für Tag und Nacht bzw. für hell und dunkel.

Hügel	Mensch unter einem Dach (evtl. im Bett).	Hügel	Sonne über dem Horizont, die Lichtstrahlen aussendet.
	dunkel		hell
	Nacht		Tag
	Yin		Yang

Der linke Teil des Schriftzeichens bedeutet Hügel. Er ist bei beiden Zeichen vorhanden. Der rechte Teil zeigt bei Yin so etwas wie ein Haus, in dem ein Mensch im Bett liegt (und schläft). Yin bedeutet demnach soviel wie: „die schattige, der Sonne abgewandte Seite des Hügels" oder eben „Nacht", „dunkel". Der rechte Teil bei Yang zeigt die Sonne mit ihren Strahlen. Yang bedeutet demnach: „die von der Sonne bestrahlte Seite des Hügels" oder „Tag", „hell".

Schattenseite   Sonnenseite

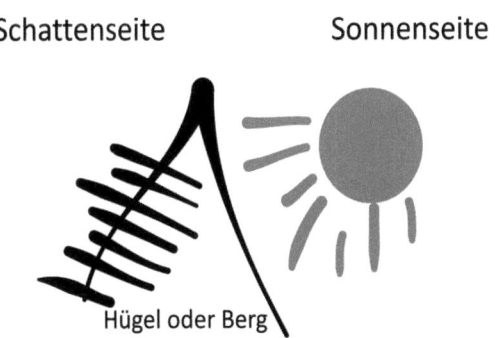

Hügel oder Berg

Schattig, unter Wolken.   Hell, von der Sonne beschienen.

Will ich diese Symbolik bildlich abstrakter darstellen, kann das in einem Kreis einfach so aussehen:

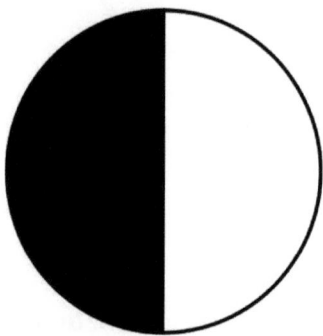

Tag und Nacht oder hell und dunkel.

Wird dieses Symbol gedreht, entsteht ein Zeichen für Himmel und Erde oder für oben und unten oder auch für (halb) voll bzw. (halb) leer.

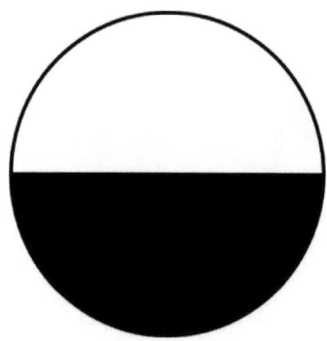

Wird mit dieser Idee gespielt, entstehen Symbole für den zu- oder abnehmenden Mond:

Oder wie hier das japanische Yin und Yang-Zeichen, das an eine Sonnen- oder Mondfinsternis erinnern kann.

Du hast sicherlich schon viele Abwandlungen gesehen. Es lohnt sich durchaus, in die Bildersuche im Internet einmal Yin und Yang-Symbol einzugeben und auf sich wirken zu lassen, was hier bisweilen für fantastische Kunstwerke entstanden sind.

Gehen wir davon aus, dass das Symbol anfangs ein Kreis mit einer schwarzen und einer weißen Hälfte war, dann können wir sagen, es vollzieht sich im Laufe der Zeit eine Wandlung. Es wird von einem statischen Symbol zu einem dynamischen, indem die Linie zwischen den Hälften zu einer Welle (gemacht) wird. Was dadurch zum Ausdruck kommt, ist der fließende Übergang zwischen zwei Zuständen. Es wird deutlich: Es ist kein abrupter, sondern ein sich allmählich vollziehender Wechsel.

Wie ich finde, eine schöne Erweiterung. Schließlich wird daraus dann das heute wohl am bekanntesten gewordene Yin und Yang, bei dem im schwarzen Feld ein weißer Punkt sitzt und umgekehrt, im weißen Feld ein schwarzer Punkt.

Das Yin und Yang wird zum Symbol des „Gleichgewichts der Kräfte". Die Punkte verdoppeln die Aussagekraft. Sie sind eigentlich zwei Yin und Yang ineinander. Dies stellt dar, dass die eine Kraft auch in der anderen vorhanden ist. Nichts ist beispielsweise nur männlich oder nur weiblich. Alles hat auch immer Anteile des „Anderen" in sich. Und es ist zudem eine Art Sicherheitssystem. Wenn die eine Kraft zu groß wird, wächst auch die polare Gegenkraft als Ausgleich, bis sich wieder Ausgewogenheit einstellt.

Kun und Kian

Hast du gewusst, dass die Chinesen noch ein Bild für Yin und Yang verwendeten? Und zwar eine unterbrochene Linie für das Yin und eine durchgezogene Linie für das Yang:

Kun: Yin/Mutter/leeren/sanft usw.

Kian: Yang/Vater/füllen/stark usw.

Diese beiden sind ursprünglich als untrennbare Einheit zu verstehen:

 KUNKIAN = YINYANG

Das ist wieder nur ein neues „Bild" für 'Yin und Yang' oder für 'Tai Chi'!

Das gesamte Leben ist geprägt von Veränderungen: Zyklen, Rhythmen, Wandlungsphasen jeglicher Art, so z.B.: Mondphasen, Ebbe/Flut, Tageszeiten, Jahreszeiten usw. Der Übergang von Yin zu Yang und wieder von Yang zu Yin stellt stets einen allmählich verlaufenden Prozess dar. Indem diese Striche miteinander kombiniert wurden, konnten diese Übergangsphasen sehr gut veranschaulicht werden.

Bsp.: Tag und Nacht

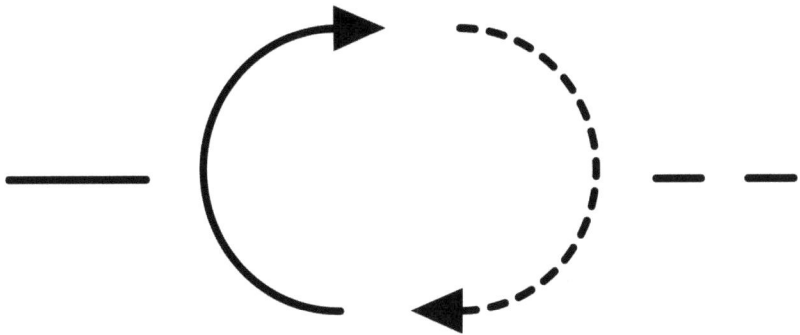

Das wurde weiter differenziert:

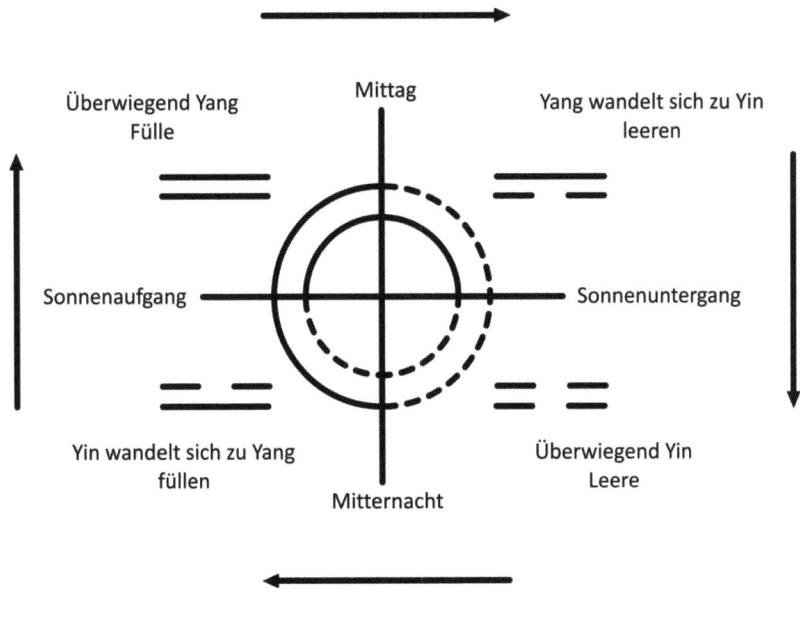

Und noch weiter, indem sogar ganze Familienstrukturen und Naturbilder ihren Einzug hielten. Vielleicht hast du nachfolgendes Schaubild in der einen oder anderen Abwandlung schon einmal zu Gesicht bekommen:

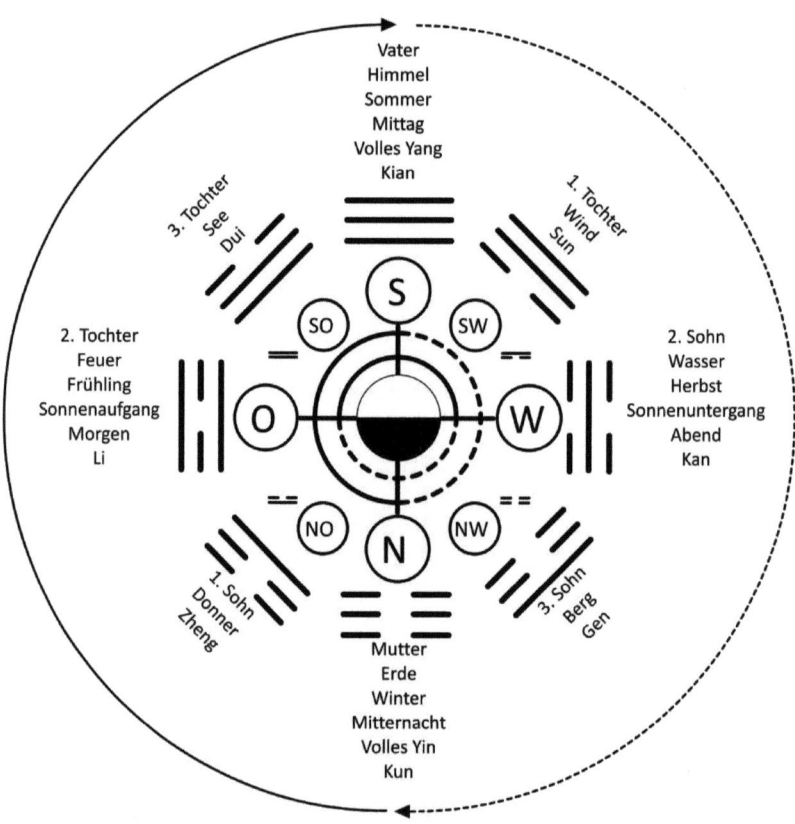

Wie du sehen kannst, wurden die Striche erst doppelt genommen, dann drei Striche miteinander kombiniert (Trigramme).

Im sogenannten I Ging, dem Buch der Wandlung, wurden die Trigramme nochmals miteinander in Verbindung gesetzt, so dass 64 Hexagramme entstanden. Hiermit „orakelten" die Chinesen ihre Zukunft!

Auf Basis dieser simplen Striche wurden also komplett neue Erklärungsmodelle entwickelt.

Die Chinesen waren offenbar große Systematiker. Sie entwickelten so z.b. das System der Wandlungsphasen (I Ging), die Fünf-Elemente-Lehre, das Feng Shui und letztlich die gesamte Traditionelle Chinesische Medizin (TCM).

Ich will hier gar nicht näher auf die einzelnen Bereiche eingehen, denn es lassen sich für jedes dieser Themengebiete Bände füllen (was auch getan worden ist).

Was allen diesen „Modellen" zu Grunde liegt, ist immer die Idee der Harmonie, Ausgewogenheit und letztlich der Ganzheit!

Doch geht aus meiner Sicht die immer größere Differenzierung eines Ursprungsgedankens mit einer zunehmenden Willkürlichkeit einher. Denn die „Bilder" sind bis zu einem gewissen Grad austauschbar. Es verliert sich die Einfachheit in der wachsenden Komplexität.

Erkenntnis:
Systematisierungen sind als Idee und Lebenshilfe zu gebrauchen, führen aber oft auch von der Einfachheit des Ursprungs-

gedankens weg, wenn sie zu komplex werden. Eine Systematisierung (ein System) sollte NIE eigenmächtig werden.

Kun und Kian wird uns noch eine Weile beschäftigen...

Das, was ich mit diesem gesamten Buch vermitteln möchte, richtet sich an Suchende. Suchende nach einem Sinn, nach tieferem Verständnis, nach Antworten, nach Klärung, nach Wahrheit?

Ich betone an dieser Stelle noch einmal: Das ist eine philosophische Abhandlung. Keine Wissenschaft. Kein Versuch, irgendwen von irgendwas zu überzeugen. Es ist keine Religion, kein Glaube. Nichts dergleichen!

Es ist ein Modell. Und wenn im Folgenden auch noch der Begriff „Gott" fällt, ist selbst dieses Wort ein weiteres 'Bild' für etwas, das wir mit unserem Verstand nicht greifen können und dem wir uns bestenfalls nur annähern können. Es ist nicht dieser „Gott", den dir Religionen und Glaubensrichtungen geben wollen!

Wenn du nicht auf der Suche bist, ist selbst das Bisherige wahrscheinlich schon zu abstrakt für dich. Wenn nicht, dann wird es das Nachfolgende auf jeden Fall.

Bist du suchend?

Leben ohne Angst

Wunderbarer Gedanke: ein Leben ohne Angst! Die Angst überwinden, das war die Seligkeit, das war die Erlösung. Wie hatte er sein Leben lang Angst gelitten, und nun, wo der Tod ihn schon am Halse würgte, fühlte er nichts mehr davon, keine Angst, kein Grauen, nur Lächeln, nur Erlösung, nur Einverstandensein. Er wusste nun plötzlich, was Angst ist, und dass sie nur von dem überwunden werden kann, der sie erkannt hat. Man hatte vor tausend Dingen Angst, vor Schmerzen, vor Richtern, vor dem eigenen Herzen, man hatte Angst vor dem Schlaf, Angst vor dem Erwachen, vor dem Alleinsein, vor der Kälte, vor dem Wahnsinn, vor dem Tode - namentlich vor ihm, vor dem Tode. Aber all das waren nur Masken und Verkleidungen. In Wirklichkeit gab es nur eines, vor dem man Angst hatte: das Sichfallenlassen, den Schritt in das Ungewisse hinaus, den kleinen Schritt hinweg über all die Versicherungen, die es gab. Und wer sich einmal, ein einziges Mal hingegeben hatte, wer einmal das große Vertrauen geübt und sich dem Schicksal anvertraut hatte, der war befreit. Er gehorchte nicht mehr den Erdgesetzen, er war in den Weltraum gefallen und schwang im Reigen der Gestirne mit. So war das. Es war so einfach, jedes Kind konnte das verstehen, konnte das wissen.

(Ausschnitt aus Klein und Wagner, von Hermann Hesse)

Neue Mathematik

Jetzt denken wir noch einmal richtig um die Ecke. Danach wird es wieder einfacher. Bitte lasse es zu, deiner Phantasie erst einmal freien Lauf zu lassen. Es ist wie alles, was ich zeige, nur ein weiteres, wenngleich mein verrücktestes, Erklärungsmodell, mein Versuch, dir anhand von Bildern etwas zu vermitteln. Lass es bitte zu, ich werde mich später sehr bemühen, alles zu er-KLÄREN. Lass dich auf die Verrücktheit ein, damit wir später wieder alles zurecht rücken können. Denn diese Ver-Rücktheit wird uns hoffentlich helfen, einen erweiterten Blick auf das „Große Unbekannte" zu werfen.

Ich spiele etwas mit Zahlen, denn im Yin und Yang-Symbol liegt eine Zahlenmystik verborgen, die gleichzeitig der Schlüssel zum Verständnis ist. Und das lässt sich an Kun und Kian aufzeigen. Diese beiden Begriffe hast du ja bereits kennengelernt.

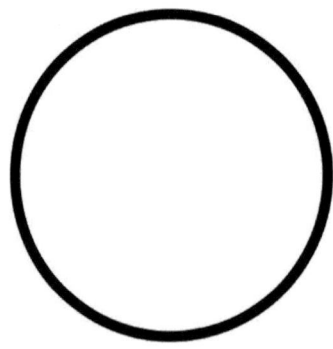

Ich beginne mit einem Kreis. Er ist für sich genommen ein Symbol für Unendlichkeit, da Anfang und Ende zusammenfallen (genau genommen gibt es keinen Anfang und kein Ende). Im Chinesischen gibt es hierzu die Theorie des „Wu Chi" (Wuji), die ich hier jedoch nur am Rande streifen möchte. Wu Chi könnte sinngemäß wiedergegeben werden als die „große Leere" oder der „Urgrund allen Seins". In der chinesischen Philosophie ist die Leere nicht „Nichts", sondern „Alles". Somit ist der Kreis ein Symbol der Einheit oder ein Symbol des Göttlichen als die „Summe aller möglichen Welten". Und der Kreis ist die Zahl Null (0).

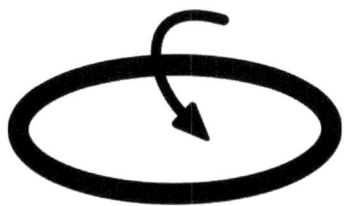

Stelle dir bitte vor, Du kippst diesen Kreis nach vorne oder hinten und betrachtest ihn von der Seite. Was siehst du? Einen Strich! Und ein Strich ist bei uns die Zahl Eins (1).

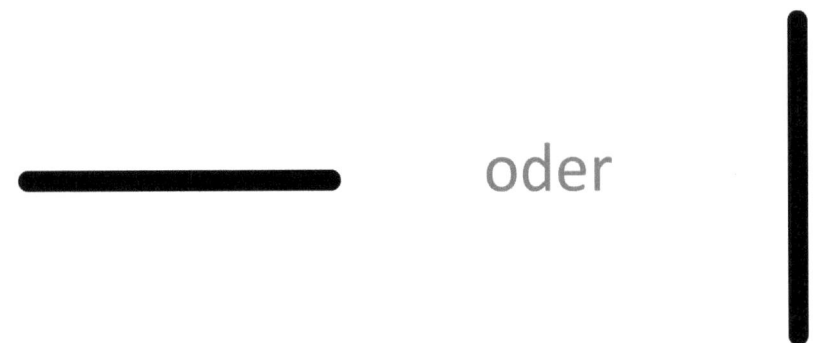

oder

Kannst du soweit mitgehen, dass ein Kreis und ein Strich genau dasselbe sein könnten?

Wenn ich dir nun sage, dass der Kreis einmal geschlossen sein und sich genauso aber auch öffnen kann, wie könnte das aus den beiden unterschiedlichen Blickwinkeln aussehen? Um das zu veranschaulichen, zeige ich dir mehrere Ansichten:

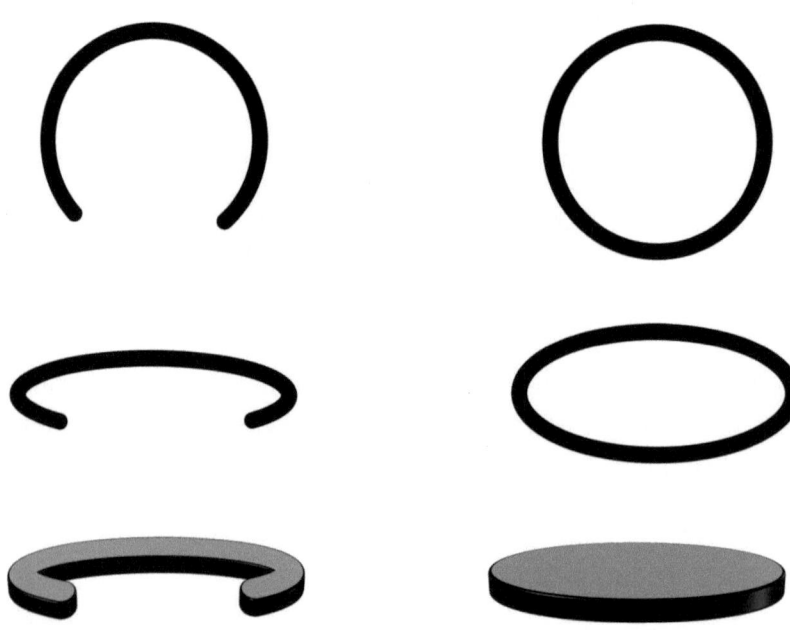

Das zeigt anschaulich, wofür Kun und Kian stehen. Leere und Fülle und wieder Leere. Wie ein leeres Gefäß, das gefüllt wird, voll ist (geschlossener Kreis), der Druck im Inneren jedoch so groß wird, dass die Kraft von innen nach außen drängt, es wieder heraus fließt (geöffneter Kreis) und das Gefäß sich wieder leert, um dann wieder bereit zu sein, erneut gefüllt zu werden. Etwas steigt an, bis die Kraft am größten ist, dann nimmt es wieder ab, bis die Kraft ihren niedrigsten Stand erreicht hat. Denke dabei beispielsweise an den Herzmuskel. Oder an Tageszeiten. Oder an Ebbe und Flut. Kannst du das nachempfinden?

Doch zurück zu den Zahlen:

Ursprung aller Zahlen ist nach chinesischer Vorstellung die 1. In der 1 sind Yin und Yang vereint! Die Zahl „1" ist demnach das Symbol des Göttlichen.

$$1 \quad \begin{array}{llll} 2 & 4 & 6 & 8 \quad \text{YIN (gerade)} \\ 3 & 5 & 7 & 9 \quad \text{YANG (ungerade)} \end{array}$$

Soweit, so gut. Ich gehe jetzt noch etwas weiter und stelle meine eigene erste verrückte mathematische Behauptung auf, die da lautet: 0 = 1 (01).

Es ist für mein Gedankenexperiment wichtig, sich völlig unvoreingenommen darauf einzulassen, dass die 0 und die 1 keine unterschiedlichen Zahlen sind. Sie sind EINUNDDASSELBE! Somit ist folglich auch die Zahl „0" das Symbol des Göttlichen.

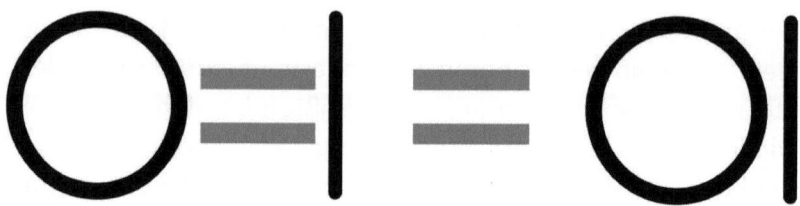

In einem Buch über Numerologie (was auch immer man davon hält), las ich einmal, dass die Zahl 10 ebenfalls ein Symbol für 'Gott' ist.

Daher meine zweite verrückte mathematische Behauptung:

01 = 10

Schwirrt dir schon der Kopf?

Hier nocheinmal:
0 = 1
und
1 = 0
und
01 = 10

Hast du schon einmal etwas vom Binären System (Code) ge-hört? Dort werden alle unsere Zahlen (unseres Dezimalsys-tems) ausschließlich mit Nullen und Einsen dargestellt. Mit an-deren Worten, alle Zahlen ergeben sich aus der 0 und der 1.

Wenn ich damit im Hinterkopf jetzt meine dritte verrückte ma-thematische Behauptung aufstelle, dass alle Ziffern (von 2-9) aus der Null und der Eins entstehen, sieht das bildlich darge-stellt so aus:

01 23456789 10

Und warum ich sage, 01 und 10 ist genau dasselbe, wird hier-durch veranschaulicht:

01 23456789 10
01 23456789 10

01 = Symbol für Gott
10 = Symbol für Gott

Vielleicht besser so:

01 = Symbol für Göttin
10 = Symbol für Gott

Das Göttliche blickt sozusagen einfach nur in den Spiegel. Göttin und Gott sind ein und dasselbe. Aus ihrer 'Vereinigung' (Spiegelung) ergibt sich die Vielzahl der Dinge (die Zweiheit).

Für noch mehr an Zahlenspielereien Interessierte: Die Zahlen von 2-9 mit der jeweiligen Spiegelzahl zu addieren ergibt immer die Summe 11 und die Quersumme aus 11 ist 2.

$11 = 1 + 1 = 2$.

Beispiel:
$2 + 9 = 11 = 1 + 1 = 2$
$3 + 8 = 11 = 1 + 1 = 2$
$4 + 7 = 11 = 1 + 1 = 2$
usw.

Ich weiß, das ist abgehoben, doch bleib bitte dabei!

Jetzt wird es sehr wichtig! Was lässt sich daraus zurecht-rücken, erkennen, ablesen?

Das, was uns für Zweiheit „verkauft" wird, ist keine, sondern ist stets eine Einheit. Das Yin und das Yang sind nichts Geteiltes und schon gar keine Gegen-Teile, sondern Gegen-Stücke - die sich zu einer Einheit vervollkommnen. Darum werde ich es künftig YINYANG nennen. Kun und Kian sind keine zwei verschiedenen Sachen, sondern sie sind einfach nur Phasen ein und desselben, sie sind EINUNDDASSELBE, weshalb ich es auch KUNKIAN schreiben kann. Und YINYANG und KUNKIAN sind sowieso nur zwei Bilder für ein und dieselbe Sache.

Und das unterscheidet meinen Erklärungsansatz von vielen anderen, die Yin und Yang (und alles, was dadurch symbolhaft charakterisiert wird) als Gegensätze gegenüber stellen und damit als Symbol der 'Zwei' betrachten. Doch aus dieser Sichtweise entstehen Zwei-fel, Zwie-Spalt, Getrennt-sein und Spaltung.

Es ist deine Ent-Scheidung, welchem Weg du folgen möchtest! Dem der Trennung oder dem der (Wieder-)Vereinigung? Und diese Entscheidung haben wir alle täglich und immer wieder aufs Neue zu treffen.

Vielleicht ist es letztendlich eine begriffliche Spitzfindigkeit, ob ich von Gegensatz oder Gegenstück spreche. Doch wenn ich etwas als Gegensatz definiere, ergibt sich daraus immer auch ein Widerstreit. Ein Besser und Schlechter, ein Wettkampf und ein Überzeugen-wollen. Weil das eine NICHT mit dem anderen sein DARF! Beim Gegenstück ist es so, dass das eine NICHT ohne das andere sein KANN!

Ich persönlich finde, es ist wichtig, diese Unterscheidung zu treffen, weil es das gesamte Leben ändern kann! Es macht das Leben tatsächlich wesentlich EIN-facher! Will ich Gemeinsamkeiten sehen und suchen, Verständnis füreinander erreichen und EINIGUNG oder will ich Streit, Kampf und Krieg - also das ENT-ZWEIEN (also die Spaltung)?

Was möchtest du?

Ur-Sprung oder: „Warum gibt es die Spaltung"?

Warum sind wir Menschen aus der Natur und der natürlichen Ordnung und dem naturgegebenen Gleichgewicht heraus gefallen? Warum sind wir Menschen in der Lage, uns gegen uns und unsere eigene Natur zu stellen und uns von der Harmonie der Natur abzukoppeln? Warum fühlen wir uns als „Teile"? Warum leben wir in Extremen?

Auf diese Fragen habe ich keine wirkliche Antwort, bestenfalls eine Annäherung.

Vielleicht hat es etwas damit zu tun, dass Bewusst-Werdung einhergeht mit „Teilung" und der damit einhergehenden „Bewusstheit" über diesen Vorgang.

Nehmen wir den Begriff „Ursprung" genauer unter die Lupe: Nehmen wir an, das Ur-Eine bekommt einen Sprung und teilt sich, es kommt zu einem Ur-Teil, genauer zu einer Ur-Teilung. Oder einem Ur-Ei-Sprung? Etwas geht auseinander: aus-einander, aus 'ein' wird 'ander'! Passiert das wirklich oder ist das nur eine Vor-Stellung (etwas, das vor der Wahrheit steht), eine Illusion?

Wenn wir den Begriff des Göttlichen verwenden wollen, können wir folgende Fragen stellen: Kann GOTT sich teilen? Beginnt oder endet GOTT irgendwo? Hat GOTT einen Anfang oder ein Ende? Hat GOTT ein Oben oder ein Unten, ein Vorne oder ein Hinten? Hat GOTT eine Farbe? Etc. Wie auch immer wir diese Fragen beantworten, so leben wir dennoch in einer Welt, die uns begrenzt, auf-geteilt und gespalten erscheint. Ist das ein Widerspruch?

Das große NICHTS, die große LEERE ist das gleiche wie das AL-LES. Gott als Symbol für die Urquelle ist also nicht Nichts, sondern Alles - das „ALL-ES". Die alles in sich vereinende Leere. Die alles Leben spendende Fülle. YINYANG oder KUNKIAN. In dieser Betrachtungsweise lösen sich alle Widersprüche auf! Wie kann ETWAS aus dem ALLES herausfallen?

Erinnerst du dich an unsere Kreise und Striche?

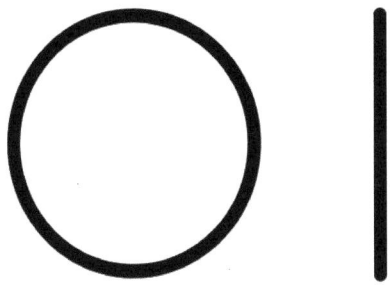

Kannst du dir den Kreis als Vagina, Gebärmutter, Mutterschoß, also als weibliche Symbolik vorstellen und den Strich als Phallus, also eine männliche Symbolkraft?

Diese bipolare Ur-Kraft ist Leben! (Siehst du das Q - vielleicht steht es für Quantenphysik? Wir lassen ein Nullpunktfeld mit unendlicher Energie entstehen, aus der alles Leben hervorgeht).

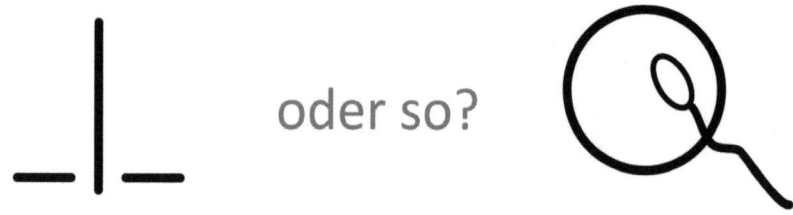

oder so?

Wenn Mann und Frau sich 'ver-EINIGEN' werden sie gemeinsam (!!!) Erschaffer und können neues Leben hervorbringen.

Wir können die Vereinigung von Spermium und Eizelle darstellen als Strich und Kreis.

Und wenn ich den Kreis und den Strich direkt aufeinander

lege, ein Symbol für eine Zelle, die sich teilt.

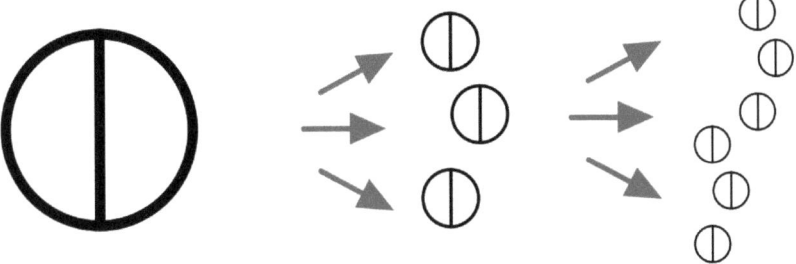

Kommt dir das bekannt vor?

Erinnerst du dich an die Worte von Laotse?

„Die Einheit hat alles hervorgebracht und alles ist zugleich die Einheit. Wer dies ohne Hintergedanken wunschlos erfasst, erkennt das ganze Geheimnis. Wer behaftet schaut, sieht nur das Sichtbare. Die Einheit bringt die Dinge hervor, die verschieden benannt werden. Und dennoch sind diese die Einheit. Das ist das große Mysterium."

Alle „Erscheinungen" sind nur verschiedene Übergangsformen des Ur-EINEN.

Wir sind gleichsam die „Zellteilung" Gottes. Je weiter entfernt wir von der Ur(keim)zelle sind, desto mehr entsteht aber vielleicht auch das Gefühl des Getrennt-Seins.

Wenn ich die Bibel in diesem - meinem - Sinne interpretiere, können wir Adam und Eva als ein Bild für diese Teilung sehen. Das Paradies war „DAS EINE", die Vertreibung aus dem Paradies ein Hinweis auf die Teilung und der „Baum der Erkenntnis" ist die Bewusstwerdung darüber.

Wenn es dann heißt: „Ihr kommt nicht zum 'Vater' (dem Ursprung), außer durch mich (Sohn Gottes, der Mensch (= Teil) geworden ist)", könnte ich sagen, wir kommen nicht ‚zurück', außer durch die Erkenntnis der Teilung und die Sicht, dass jeder Teil in sich ganz ist und gleichzeitig ein Teil des Ganzen ist (siehe nachfolgend: Hologramm).

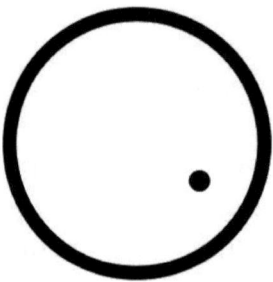

Stelle dir vor, du bist ein kleiner Punkt im Kreis des „Großen Ganzen". Dann ist der Punkt nicht das „All-Es" und das „All-Es" ist nicht nur dieser Punkt. Dennoch ist der Punkt Teil des Gesamten und damit automatisch das Gesamte auch ein Teil dieses Punktes. Wir sind nicht das Ganze, aber wir repräsentieren „Es". Verständlich?

Ich zeige es noch einmal an einem anderen Beispiel:

Wenn wir einen Kreis teilen und selbst, wenn sich jeder Teil darin erneut teilt, ist es dann nicht egal, wie oft auch immer das passiert? Bleiben die Teile alle zusammen nicht dennoch DER EINE Kreis? Und wir sind alle so ein Teil! Wenn wir das nicht ganz so geometrisch angehen, sieht es vielleicht eher so aus:

Hier lässt sich leichter erkennen, dass wir durchaus „verschieden" voneinander sind. Wir sind nicht gleich, doch sind wir alle „aus dem Gleichen".

Wir sind alle Teile EINUNDDESELBEN.

Und wir halten alle ein Puzzleteil in der Hand, um das „Große Bild" zu VOLLenden. Deswegen ist auch jeder von uns wichtig. Doch es ist sehr problematisch, das eine Teil für das Ganze zu halten (darauf kommen wir später noch einmal zurück)!

Ich kann von jedem ein Teil des „Großen Puzzles" vorgelegt bekommen, ein Stück zur Lösung des „Großen Rätsels". Jeder hat seinen eigenen und einzigartigen Blickwinkel, seine Perspektive, seine Sicht der Dinge.

Wir können alle unseren 'Teil' dazu beitragen zum „großen Ganzen". Wir alle haben etwas mit-zu-teilen, nämlich uns! Wir sind Mit-Teil(ung). Wir sind die Mit-Teilung (Botschaft) des Universums (des Ganzen/Gottes). Darum sind unsere Mit-Teilungen (das, was WIR zu sagen haben) wichtig für das Ganze.

Das „ALLES" drückt sich aus durch Jeden, also quasi durch alles. Wenn wir das verinnerlichen, können wir auch von allem und jedem lernen. Dann wird das Leben zum „Puzzle-Spiel".

Gleichwertigkeit versus Gleichheit

An dieser Stelle möchte ich kurz auf den Unterschied von Gleichwertigkeit und Gleichheit eingehen, weil ich denke, dass das eine oft mit dem anderen verwechselt wird und sich daraus unzählige Probleme ergeben, die sich so einfach vermeiden lassen würden.

Aus dem Yin und Yang-Symbol geht eindeutig hervor, dass die

beiden Hälften nicht gleich sind. Und dennoch sind sie gleichwertig. Ich kann keinem von beiden einen höheren Wert zuschreiben. So kann ich beispielsweise wieder das Atmen heranziehen. Was ist von größerem Nutzen? Das Einatmen oder das Ausatmen? Sie gehören zusammen, sind gleichwertig - aber nicht gleich! Das Aussetzen des Einen veranlasst das Aussetzen des Anderen. Sie bedingen sich gegenseitig.

Auch am Schlaf-Wach-Rhythmus merkst du schnell, wie du aus dem Gleichgewicht (aus deinem Wohlbefinden) gerätst, wenn du das eine erhöhst und das andere einschränkst. Die Auswirkungen werden nicht ganz so direkt und unmittelbar zu spüren sein wie beim Atmen. Aber wenn du ein paar Tage nicht mehr genug schläfst, wirst du spüren, wie dein System leidet. Das Gleiche gilt jedoch auch, wenn du nur schläfst. Also, was ist mehr wert?

Das lässt sich auf alles Mögliche übertragen. So auch auf Mann und Frau. Was wurden für Anstrengungen unternommen, um die Frau dem Mann gleich zu machen? Und was ist daraus geworden? Eine völlig verdrehte Welt, in der viele nicht mehr wissen, an welchen Platz sie gehören. Und warum? Weil uns erzählt wurde, Mann und Frau seien gleich. Das sind sie offensichtlich nicht und das sieht auch schon jedes kleine Kind.

Doch dass sie gleichwertig sind, das ist ebenso offensichtlich! Nimm das eine weg, so nimmst du auch das andere. Und wir sterben aus. Selbst wenn wir heute vielleicht Menschen bereits künstlich 'zeugen' können, so doch immer nur durch die Essenz von Mann und Frau.

Die Gleichmacherei zieht sich durch alles hindurch. In der Schule sollen alle das Gleiche lernen. Doch ist das wirklich sinnvoll? Ist das nicht ein „Binden von Energie" an Vieles, was ich höchstwahrscheinlich nie im Leben brauche?

In der Berufswelt sollen alle gleich sein? Ich bin durchaus dafür, dass für die gleiche Leistung auch die gleiche Bezahlung gefordert werden kann. Doch das ist wieder Wertigkeit und nicht Gleichheit. Wer beispielsweise Chancengleichheit fordert, ohne die Unterschiede der Menschen zu berücksichtigen, erhebt ein völlig verlogenes Postulat.

Kennst du den Witz, bei dem mehrere Tiere (ein Pinguin, ein Elefant, ein Affe und ein Hund) in einer Reihe stehen und ein (offensichtlicher) 'Prüfer' hinter einem Pult sagt: „Im Zuge der Gleichberechtigung ist die Aufgabe für alle gleich: Klettern Sie auf diesen Baum!" Sehr aussagekräftig!

Aus meiner Sicht hat jeder Mensch per se den gleichen Wert. Alle Debatten über Hautfarben, Ränge, Positionen, Stellungen, Vorrechte usw. würden völlig aufhören, wenn wir alle akzeptieren könnten, dass wir von gleichem Wert sind.

Doch zeitgleich ist es wichtig anzuerkennen, dass wir eben NICHT 'gleich' sind! Dann könnten wir auch unsere Verschiedenheit viel besser leben und einsetzen und das wiederum zum Wohle aller, denn wir würden unsere Energie nicht in sinnlosen Debatten vergeuden.

Stelle dir wieder ein Puzzle vor, bei dem wir alle Teile 'gleich' zurecht schneiden und obendrein 'gleich' bedrucken würden! Was wäre hierfür die „einzig richtige" Vorlage? Was hätten wir dann? Was wäre das für ein Puzzle?

Ich sage noch einmal, dass ich keine Antwort darauf habe, warum wir als Menschen diese 'Geteiltheit' wahrnehmen und empfinden können. Doch dass es so ist, lässt sich schwer bestreiten. Wir können wohl davon ausgehen, dass jedwede (menschliche) Existenz dieses „Getrennt-Sein" empfindet.

Wir Menschen haben offensichtlich (aufgrund unseres Verstandes) die Möglichkeit, uns gegen naturgegebene Prinzipien zu stellen. Dadurch machen wir uns das Leben schwer.

Es scheint leichter, eine Extremposition einzunehmen als beide Seiten zu sehen? Kann es sein, dass es für den Verstand einfacher ist, für oder gegen etwas zu sein, anstatt zu akzeptieren, dass beide Seiten die "Ganze Wahrheit" sind? Dass beides möglich ist, dass beides gleichberechtigt ist?

Ich persönlich glaube dennoch daran, dass uns 'Erkenntnis' hilft uns wieder „zu einen", „zuEINander" zu finden, auch wenn das nur eine 'Einstellungssache' sein wird.

Letztlich ist ja nur das Gefühl der Teilung, der Trennung unser Grundproblem. Es entsteht ein Gefühl des Mangels, des Unvollständig-Seins, was jedoch nicht stimmt.

Was uns fehlt, ist die Sichtweise, dass wir „ganz" sind, dass uns eben genau genommen gar nichts fehlt, sondern wir nur

„Partei" ergriffen haben.

Nur, wenn der Mensch in der Mitte (zwischen Himmel und Erde/Dies und Das, den Extremen) bleibt, erhält er die „Ver-Bindung" aufrecht.

Ergreift er Partei (Teil), verliert er sein Gleichgewicht und damit seine Funktion im ursprünglichen Sinn.

Der Mensch als Ver-Mittler zwischen Himmel und Erde (oder zwischen Teil und Ganzem) kann die Ver-Bindung wieder herstellen. Das ist es auch, was Religion im ursprünglichen Wortsinne bedeutet: „Re-Ligion" ist die „Zurück-Verbindung".

Wir sollten von der Genesis wieder zur Genesung kommen, den Weg gehen von der Entstehung zur Heilwerdung.

Ganz-Sein bedeutet Heil-Sein.

Jeder von uns ist mit seiner „Zeugung" eine neue, eigenständige „Einheit" (voller Möglichkeiten), die wieder beginnt, sich zu teilen. Wir sind „Teil" eines wunderbaren Schaffungsprozesses. Wir sind die Kinder des KUNKIAN (gleichzeitig Mutter und Vater in Einem). Damit haben wir auch die Antwort, was zuerst da war: Ei oder Huhn? Es war schon immer beides gleichzeitig vorhanden.

Nur unser Ver-Stand, und damit wir, ur-teilen, vermutlich, weil wir die Verkörperung dieses Vorgangs (der Teilung) sind.

Was wir brauchen ist das Erreichen einer Über-Sicht oder des Über-Blicks vom Teil auf das Ganze. Natürlich werden wir nie das Ganze sehen, doch zumindest können wir es uns vorstellen. Dann hören wir auf zu teilen und zu urteilen und suchen die Verbindungen und die Gemeinsamkeiten und fügen Stück für Stück gemeinsam das Puzzle zusammen.

Wir gehen zurück zum Ur-Sprung, zur Urquelle, zumindest in unserer Haltung und Einstellung.

Es ist wichtig, dass wir erkennen, dass jeder von uns auch 'in sich' ganz ist. Dann hören wir auf, die Puzzleteile des anderen nach unserer Vorlage zurecht zu schneiden! Wir hören auf, den anderen verändern zu wollen.

Wir sehen, wir sind selbst ein aus Teilen bestehendes „Ganzes" in einem viel größeren aus Teilen bestehenden „Ganzen".

Auch für uns alleine (all-EINE) genommen sind wir GANZ. Dann haben wir auch keine Angst mehr vor dem Alleinsein, denn alleine sein ist: ALL-EIN-SEIN (mit dem ALL eins sein und mit Allen zusammen Eins sein). Ist das nicht wunderschön?

Und gleichzeitig schwierig, oder?

Hast du schon einmal von einem Hologramm gehört? Da ist es auch so, dass jedes Teil des Hologramms die vollständige Information enthält, das komplette Bild darzustellen. Jedes Teil des Hologramms ist somit auch das ganze Hologramm. Wie soll das in unser Hirn? Das übersteigt unser Fassungsvermögen, unseren Horizont! Doch nur, wenn wir den Horizont übersteigen, sehen wir mit erweitertem Blick!

Wir dürfen nur nicht das Geteilt-Sein verdrängen! Nicht den „Fehler" leugnen, sondern genau hinsehen. Dann können wir er-GÄNZEN. Als Werkzeug gegen die Verdrängung dient uns das 'Bewusste Wahrnehmen' und die 'Akzeptanz' von dem, „was ist"!

Probleme können gelöst werden, wenn wir schauen, was vom „Ganzen" fehlt. Wo ist der Mangel? Wo ist die Einseitigkeit? Wo ist der „Fehler" (das Fehlende)! Dann ergänzen wir, was fehlt, wir gleichen aus. Ganzheit ist das, wo es kein Fehlen mehr gibt und damit keine Fehler!

Unsere Sucht wird zur Suche nach Ergänzung, nach Ganzheit, nach Ganz-Sein und Heil-Sein.

Damit bist du mir bei einem wirklichen Zirkelschluss (Kreis!) gefolgt. Danke, dass du dabei geblieben bist.

Ab jetzt wird es wieder etwas leichter verständlich - so hoffe ich zumindest!

Was wir uns immer vormachen, ist, dass es das Eine ohne das Andere gibt!

Alles hat seine 'zwei Seiten'.

Ist der Knoten im Hirn, der durch meine letzten Ausführungen eventuell entstanden ist, wieder etwas gelockert? Ich hoffe, es ist klarer geworden, warum wir sagen können, dass nach der Yin und Yang-Theorie alles (mindestens) seine zwei Seiten hat und dennoch EINES ist, so dass ich es YINYANG oder KUN-KIAN nennen kann?

Ich will noch etwas anfügen: Wir können nicht aus dem 'Wechselspiel der Gezeiten', aus dem 'Tanz der Polaritäten', aussteigen.

Zwar können wir fühlen, aber nicht sehen, dass 'beide Seiten' (von denen es ja eine Menge gibt) zusammengehören und untrennbar miteinander verbunden sind. Denn die Erfahrungen, die wir in dieser Welt machen, sind von einer „sich abwechselnden Natur". (Darin liegt wohl die Gefahr, in eine einseitige Betrachtungsweise zu verfallen!).

Ich kann nicht simultan einatmen und ausatmen. Ich kann nicht wach sein und schlafen zur selben Zeit (okay, manche Menschen schon - aber das ist ein anderes Thema!). Ich kann nicht Tag und Nacht zeitgleich erleben, so wie ich nicht vorwärts und rückwärts im selben Moment gehen kann. Ebbe und Flut wechseln einander ab. Ein Gefäß kann nicht gleichzeitig voll und leer sein. Und auch mein Herz ist zweigetaktet.

Somit kann ich nur von einem Übergang sprechen.

Bei Tageszeiten beispielsweise wird das recht offensichtlich. Es wird nicht per Schalter der Tag plötzlich angeschaltet und dann wieder aus. (Das macht nur der Wecker!) Es gibt die Morgendämmerung (Tagesanbruch/Sonnenaufgang) und die Abenddämmerung (Anbruch der Nacht/Sonnenuntergang).

Das eine geht sanft in das andere über.

Somit füge ich gerne das Wort „mehr" mit ein, wenn ich denn dementsprechend sage: „Etwas ist 'mehr' Yin, etwas ist 'mehr' Yang". Nachfolgend findest du eine Liste (die wahrscheinlich sehr lange fortgeführt werden könnte) mit ein paar Ideen solcher 'Wandlungsphasen'.

Es ist bedeutsam, die Beschreibungen in der folgenden Auflistung mehr wie 'Qualitäten', wie vorübergehende Übergänge, wie einen fließenden Wechsel zu sehen und nicht als dauerhafte Zustände.

Ich werde dir später zwar noch zeigen, dass es eine Annäherung der beiden Seiten gibt, so dass ich als „Mensch der Mitte" fern von Extremen sanft entlang der Polaritäten 'fließe', doch vorerst ist es gut, zu sehen, dass im 'Spiel der Kräfte' kein Stillstand vorhanden ist.

Die Polaritäten Yin & Yang (dritter Teil)

Waren wir hier nicht schon einmal? Richtig! Ganz zu Beginn sagte ich, ich würde mit der Tür ins Haus fallen, damit du das Wichtigste schon einmal weißt. Das hieß aber nicht, dass schon alles hierzu gesagt wurde. Jetzt gehen wir tiefer in die Materie.

Zum wiederholten Male sage ich, „Yin und Yang" dienen uns nur als Erklärungsmodell! Du kannst diese ‘Bilder' jederzeit in deine Lebenswirklichkeit „übersetzen", andere Namen und Begriffe dafür verwenden.

Alles Leben ergibt sich aus dem Spannungszustand der Pole. Zwischen Yin und Yang pulsiert jedwede Existenz.

Ein paar Ideen, was Yin bzw. Yang sein können:

Mehr Yin	Mehr Yang
Schatten	Helligkeit
Nacht	Tag
Passivität	Aktivität
Erde	Himmel
empfangend	schöpferisch
Gottmutter/ Mutter	Gottvater/ Vater
weiblich	männlich

lunar	solar
kalt	heiß
feucht	trocken
Sanftheit	Härte
nehmen	geben
leeren	füllen
loslassen	festhalten
linke Körperhälfte	rechte Körperhälfte
rechte Gehirnhälfte	linke Gehirnhälfte
unbewusst	bewusst
Minuspol	Pluspol
rückwärts	vorwärts
runter	hoch
innen	außen
Gefühl	Verstand
Materie/Körper	Geist
Bauch (Herz)	Kopf
Intuition	Logik
Ruhe	Tätigkeit
Entspannung	Spannung
nach innen orientiert	nach außen orientiert
.	.
.	.
.	.
.	.
.	.

Es geht stets um eine harmonische Verbindung zweier sich ergänzender Teile bzw. Seiten.

Harmonie bedeutet nicht Gleichklang,

sondern Zusammenklang.

(Thomas Romanus)

Der Schlüssel zur Beziehung zwischen Yin und Yang lautet im Chinesischen „hsiang sheng", was soviel wie Unzertrennlichkeit bedeutet.

Plus und Minus sind die Aspekte ein und desselben Systems und - wie schon öfter gesagt - das Verschwinden des einen würde das Verschwinden des ganzen Systems bedeuten.

Nimm eine Batterie als Beispiel. Ihre Funktion entsteht durch die Pole 'Plus und Minus'. Nur dadurch ermöglicht sie (als Spender fließender Energie) eine Vielfalt an praktischem Nutzen.

Dennoch verhalten wir uns nicht selten so, als würden wir, wenn wir eine Batterie auseinander sägen, danach etwas Besseres in Händen halten. In Wirklichkeit würden wir die Batterie zerstören. Sie wäre nutzlos geworden und tot.

Oder nimm einen Magneten. Du kannst ihn nicht in der Mitte auseinander brechen und hoffen, dann zwei gegensätzliche Teile zu haben. Du hast wieder zwei Magnete mit beiden Polen. Das ist naturgewollt!

Selbst in deinem Körper laufen die unterschiedlichsten Prozesse, z.B. chemische Vorgänge wie der Mineralstoffaustausch, durch Spannungsausgleich ab. Und auch deine Muskeln haben ihre sogenannten Gegenspieler und du brauchst sie beide! Hast du schon einmal vom zellulären oder dem muskulären Gleichgewicht gehört?

Jetzt steht jedoch unsere westliche Denkweise in starkem Gegensatz (!) zu östlicher Philosophie:

Unsere Wissenschaft beschreibt, stellt Gesetze auf, definiert und führt somit zu einer Spaltung des „Einen". (Ist eine Rose, die in ihre Einzelteile zerlegt wird, noch eine Rose? Trägt sie noch ihre naturgegebene Schönheit einer Blume weiter?)

In einer „Erfahrungswissenschaft" wie der östlichen wird hingegen empfunden, wahrgenommen und das Gesamterscheinungsbild betrachtet. Es lässt sich somit von Fusion sprechen. Das ist die Einheit und Ungeteiltheit. (Die Rose wird als Rose belassen und ihre Schönheit bewundert!)

Schön wäre es, die beiden Herangehensweisen zu verbinden, denn manchmal braucht es mehr das eine, manchmal mehr das andere.

Doch wir neigen dazu, alles in ein „entweder" - „oder" aufzuteilen.

Die Sichtweise des Yin und Yang bietet allerdings ein „sowohl als auch". Wenn es mir gelingt, das im Leben umzusetzen, wird mein Leben wesentlich be-reichert. Denn das Ganze ist bekanntlich mehr als die Summe seiner Teile!

Integration

Das grundlegende Werkzeug hierfür nenne ich Integration.

Integration bedeutet: Rechte und linke Gehirnhälfte gleichermaßen einzusetzen. Aus Kopf und Bauch heraus zu leben. Linke und rechte Körperhälfte gleichermaßen zu mögen und zu nutzen. Westliches und östliches Denken zu verbinden, nicht das eine durch das andere zu ersetzen. Mann und Frau als gleichwertig zu betrachten. Sie jedoch nicht einander gleich zu machen. Patriarchat und Matriarchat zu verknüpfen und eine Synthese zu finden, die allen gerecht wird.

Das verbindende Wort ist „UND". Also nicht Yin oder Yang, sondern Yin UND Yang! Nicht Verstand oder Gefühl, sondern Verstand UND Gefühl usw. Du wirst selbst noch viele Beispiele finden können. Immer wenn du im Zwiespalt bist, wendest du diese Idee an und suchst die Synthese. Du machst aus 'einerseits' - 'andererseits' ein 'BEIDERSEITS'. Immer dann, wenn ein ODER in dein Leben tritt, suchst du nach dem UND. Das hört sich vielleicht verrückt an, doch aus meiner Erfahrung kann ich sagen, es funktioniert bemerkenswert oft und macht das Leben nicht nur leichter, sondern erweitert den Erfahrungshorizont ungemein.

Integration ist demnach die harmonische Vereinigung von Teilen. (Desintegration das Zerstören der Einheit).

Das Ziel ist die Verbindung und nicht die Trennung, obwohl der Weg dorthin oft bedeutet, dich zu trennen, bevor du dich (neu) verbindest. Das heißt, du löst dich von vielen Extremen los, an denen du haftest, um zu einer harmonischen Ausgeglichenheit zu finden. Diese Harmonie ist letztlich das, was dich die Verbindung mit „Allem" empfinden lässt.

Nur das ausgewogene Vorhandensein beider Seiten ist das, was erstrebenswert ist. Extreme sind demnach nicht wünschenswert, zumindest nicht als dauerhafter Zustand. Ein sanftes Schwanken, ein leichtes Auf und Ab, sind völlig normal. Aber bleibende extreme Zustände sind anstrengend bis vernichtend. Manches lässt sich zwar eine zeitlang im Extrem betreiben, doch geht das immer auf Kosten der eigenen Gesundheit sowie des eigenen Wohlbefindens.

Heute leben wir im Dauerzustand in unzähligen Extrembereichen. Darum leiden wir.

Der Verstand dominiert und damit die Wissenschaft und Logik. Arbeit gilt beinahe als heilig. Wir sitzen zu viel. Wir betreiben Extremsportarten. Wir essen zu viel. Wir sind politisch gespalten in rechts oder links. Jeder verkauft uns seine Wahrheit als die einzig richtige. Und so weiter und so fort. Dabei ist es angenehmer, beide Pole ins Gleichgewicht zu bringen, ein „Gleichgewicht der Kräfte" zu schaffen.

Allerdings handelt es sich hierbei nicht um einen Stillstand, sondern um ein dynamisches Gleichgewicht, weshalb ich gerne vom 'Ausbalancieren der Kräfte' spreche.

Stelle dir vor, du sitzt auf einem Fahrrad und willst (auf einer geraden Strecke) voran kommen. Was tust du? Du trittst abwechselnd (!) und möglichst gleichmäßig in die Pedale. Wenn du schon Fahrrad fahren kannst, dann erlangst du dadurch ein 'dynamisches Gleichgewicht' (du fährst 'ausbalanciert'). Es macht nun wenig Sinn, auf beide Pedale gleichzeitig zu treten.

Genauso wenig Sinn macht es jedoch, auf überhaupt kein Pedal zu treten (zumindest, solange du noch nicht ins Rollen gekommen bist). Denn so oder so würdest du nicht vorankommen und umfallen. Das abwechselnde Treten ist Yin und Yang in Reinform. Treten und loslassen, Treten und loslassen. Ein stetiger Wechsel der Kräfte.

Leider wird das Verhältnis dieser Kräfte im übertragenen Sinne oft falsch angewandt, weil es mit "verkopftem" Denken betrachtet wird. Die tiefere Wahrheit der Symbolik, die ich dir in den vergangenen Kapiteln aufgezeigt habe, bleibt somit im Verborgenen. In unserem dualistischen (zweigeteilten) Verständnis ist immer das 'Eine' der Gegensatz zum 'Anderen': 'warm' der Gegensatz zu 'kalt', 'ängstlich' der Gegensatz zu 'mutig'. Was sich daraus ergibt, habe ich dir ja schon gesagt. In Kurzfassung noch einmal: ZWIESPALT und KONFLIKTE.

Es werden Gegensätze dualistisch gegenüber gestellt und nicht wie es gemäß der Yin & Yang-Idee sein sollte, als sich gegenseitig ergänzende 'Hälften', die ohne einander nicht existieren können. Sie sind eine Einheit und nur unser rationaler Verstand teilt diese in Gegensätze auf.

Somit wird der Fehler gemacht, dieses 'spaltende' Denken mit dem Yin & Yang-Prinzip gleichzusetzen. Es wird die eine Hälfte (Yin) zum Bösen, Destruktiven, Kampf, Krieg etc. erklärt und die andere Hälfte (Yang) zum Guten, Konstruktiven, Harmonie, Frieden usw. Oder umgekehrt! Dann darf das eine nicht mit dem anderen sein!

Erinnerst du dich? Das hatte ich schon mal erwähnt!

Und in so einem Verständnis wird schließlich alles über einen Kamm geschoren und Gegensätze MÜSSEN sich letztendlich bewerten und bekämpfen. Es wird beispielsweise der Mann über die Frau gestellt (genauso umgekehrt möglich), die Gesundheit zum Wahn und Leistung unerbittlich vorangetrieben. Mehr, mehr, mehr! Oder alles wird kaputt gespart! Ich glaube, hier kann jeder selbst zahllose Beispiele anführen.

Das geht nur leider völlig am Sinn vorbei.

Wie ist es mit einem Fahrrad, bei dem der eine Hebel, an dem das Pedal sitzt, sehr lang ist und der andere total kurz? Meinst du, es wird eine angenehme Fahrt? Wie kannst du Fahrrad fahren, wenn das eine Pedal sich als das 'einzig wahre' darstellt: „Du darfst nur auf mich treten und nicht auf das 'andere' dort drüben. Schraube es ab!" Doch das andere sagt vielleicht das gleiche! Wie kommst du voran im Leben mit dieser Einseitigkeit bzw. diesem Zwiespalt? Welchem Pedal willst du folgen? Ist es nicht gut, beide Pedale zu haben?

Oder begib dich kurz in Gedanken in ein Paddelboot mit zwei Paddeln. Du bist auf einem stillen See ohne Strömung und du möchtest von A nach B kommen. Die Paddel repräsentieren Yin und Yang. Wenn du gleichmäßig und abwechselnd die Paddel bedienst, kommst du zügig voran. Falls du jedoch auf einer Seite mehr Kraft einsetzt, driftest du ab und musst mit großer Kraft gegensteuern. Doch erneut zu viel Energie auf dieser Gegenseite und wieder musst du dagegen halten. Du fährst Zickzack und 'eierst' bestenfalls über den See.

Häufig verhalten wir uns zudem so, dass wir eine Seite 'leugnen' und sozusagen das eine Paddel über Bord schmeißen. Doch was passiert? Ein Boot, bei dem nur auf einer Seite ein Paddel geschlagen wird, kommt nicht voran, sondern dreht sich nur im Kreis. Es bleibt weitgehend auf der Stelle. Erkennst du deine Mitmenschen darin wieder? Ich nehme mich nicht davon aus. Nur allzu oft drehe ich mich mühevoll im Kreis und muss mir erst wieder meine eigene Philosophie ins Gedächtnis zurück holen!

Also, welches Paddel willst du behalten? Welches schmeißt du über Bord? Welches Paddel ist das „gute" und welches das „böse"? Sind nicht beide zusammen „gut". Ist es nicht gut, sie beide an Bord zu haben?

"Wie erkenne ich den Unterschied zwischen 'Gut und Böse'?"
"Das Böse behauptet, es gibt nur das Gute!".

(Aus: Christina - Band 1)

Du erinnerst dich an dieses Bild:

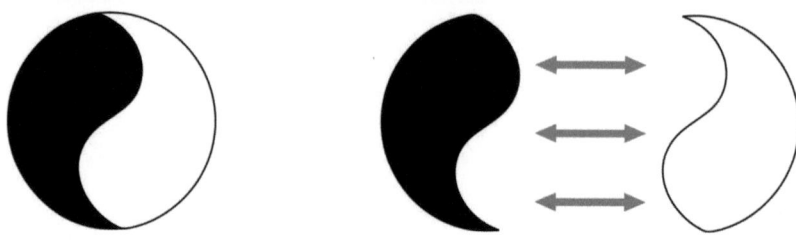

Das Gute kann nicht der Gegensatz zum Bösen sein! Nur die harmonische und ausgeglichene Verbindung polarer Kräfte ist gut und konstruktiv. Das eigentlich Böse (Destruktive) ist das Auseinanderreißen (Desintegration) von Polaritäten und eine daraus resultierende Einseitigkeit.

Die Erscheinungsform des „Guten"

Achtung, wieder einmal ein wichtiger Satz:

Zwei Pole, Yin und Yang, ergeben zusammen ein Ganzes, YINYANG, dessen gesamte Erscheinungsform oft fälschlicherweise für einen der Pole, Yin oder Yang, gehalten wird. Darum wird nur ein Pol (eine Seite) angestrebt. Das ist jedoch ein Irrtum.

Bereits verständlich? Falls nicht, bemühe ich mich, es weiter zu erklären.

Wir sehen z.B. einen friedvollen, ausgeglichenen und liebenswürdigen Menschen, in dessen Nähe wir uns wohlfühlen, weil er auch noch kommunikativ und gesellig ist. Wir denken, der ist 'Friede, Ausgeglichenheit und Liebe', weil er diese Attribute besitzt, die wir beispielsweise mehr dem Yin zuordnen würden. Wir halten diesen Menschen für Yin. Würden wir jedoch genauer hinsehen, dann würden wir feststellen, dass dieser Mensch nur friedlich ist, weil er die ausgleichende Verbindung aus aggressiven Elementen (Kampf), also extremem Yang, und übersteigerter Friedliebigkeit (Beispiel: sich alles gefallen lassen, nur um nicht anzuecken), also extremem Yin, gefunden hat. Er ist gar nicht Yin, sonder YINYANG. Doch weil YINYANG das „Gute" ist, erscheint jener Mensch und als gut. Nur, dass wir es leider oft einseitig auslegen, wir be-werten und geben den Titel 'Yin' = 'gut'.

Verstehst du, was ich meine?

Wer in seiner Erscheinung wirklich fröhlich ist, lebt nicht eine Seite, sondern die Verbindung aus Ausgelassenheit und Trübsinn. Sonst ist es kein echter Frohsinn.

Wer auf uns locker und lässig wirkt, hat die Verbindung aus Verkrampfung (zu viel Spannung) und totaler Erschlaffung (keine Spannung) gefunden.

Nochmal anders: Wir sehen eine starke Persönlichkeit und ordnen sie sofort dem Yang zu, weil wir gelernt haben, Stärke einseitig zu bewerten. Aber: Stark ist nur, wer erkannt hat, dass er nicht immer stark sein kann! Wahre Stärke schließt die

Schwäche mit ein.

Wir haben also eine Vorstellung davon, wie sich für uns das „Gute" darzustellen hat. Diese Vorstellung projizieren wir dann aber auf nur eine Seite. Und das führt unweigerlich zum Kernproblem der Einseitigkeit.

Zum x-ten Male: Das „Gute" (wenn wir es unbedingt so nennen wollen) ist stets die Verbindung aus sich vervollständigenden Energien oder Qualitäten und dem sich daraus ergebenden Ganzen. Wir fügen zusammen, was zusammen gehört. Daraus entsteht wahre Kraft.

Der dieses YINYANG-Prinzip verkörpernde Mensch ist also:

•ruhig und gelassen, da er totale Passivität (gar nichts tun) und völlige Ruhelosigkeit (ständig etwas tun müssen) vereint.
•herzlich, weil er Aggression und aufgesetzte Freundlichkeit verbunden hat.
•liebevoll, weil er erdrückende Liebe und Gleichgültigkeit in Balance gebracht hat.
•erfolgreich, weil er Perfektionismus und Nachlässigkeit ausgeglichen hat.
•innovativ, denn er hat Logik (Verstand) und Gefühl zur Zusammenarbeit gebracht.
•handelnd, weil er Tun und Nicht-Tun zum rechten Zeitpunkt einzusetzen weiß.
•ein Gewinner, weil er das Prinzip von Sieg und Niederlage versteht.
•harmonisch, da er bemüht ist, polare Kräfte zu vereinen.

Und noch einmal mit anderen Worten:

• Ich bin nur dann „erleuchtet", wenn ich Licht und Schatten gleichermaßen annehmen kann.

• Ich bin nur dann ein liebevoller Mensch, wenn ich mich zwischen Zuneigung und Ablehnung zurecht finde.

• Ich bin nur dann ein gütiger Mensch, wenn Geben und Nehmen bei mir ausgewogen vorhanden sind.

• Ich bin nur dann ein freudiger Mensch, wenn ich Frohsinn und Traurigkeit genauso akzeptieren kann.

• Ich bin nur dann ein kommunikativer (geselliger) Mensch, wenn ich reden und zuhören gleichermaßen beherrsche.

• Ich bin nur dann glücklich, wenn ich die Gemeinschaft genauso aushalte wie das Allein-Sein.

• Ich bin nur dann reich, wenn ich Fülle und Leere annehmen kann.

• Ich bin nur dann ein friedvoller Mensch, wenn ich Akzeptanz und Widerspruch in Gleichklang gebracht habe.

• Ich erhole mich nur dann, wenn ich Ruhe und Aktivität in ein sinnvolles Gleichgewicht bringe.

• Ich fühle mich nur dann erfüllt, wenn ich Arbeit und Erholung sinnvoll verbinde.

• Ich kann nur dann wirklich verstehen, wenn ich Verstand (Logik) und Gefühl zur Einheit gebracht habe (das nenne ich dann: Herzverstand).

• Ich kann nur dann mutig sein, wenn ich verstehe, dass Mut und Angst einfach die zwei Seiten der selben Medaille sind.

• Ich bin nur dann vollständig, wenn ich alles Zweigeteilte überwinde und die darin verborgene Einheit aus sich ergänzenden Teilen erkenne.

Das ist das Prinzip der Integration. Verstehst du es? Also, ich habe dafür sehr lange gebraucht!

Warum sind eigentlich überall so viele extreme Zustände zu beobachten?

Es gibt so viele Extreme, weil wir wohl allesamt zu sehr aus allen möglichen 'Gleichgewichtszuständen' geraten und dadurch in ganz vielen Bereichen einseitig geworden sind, Stellung bezogen haben und dann diese 'Positionen' vehement verteidigen. Genau genommen verteidigt unser Ego diese 'seine' Position. Schon mal gehört, das Wort - „Ego"? Werfen wir einen Blick darauf.

Ego

Der Begriff wird ja immer gerne benutzt, um anderen zu erklären, dass sie noch nicht „so weit" sind oder noch „schlafen". Dann hört man Sätze wie: „Dein Ego ist einfach zu groß, um das zu verstehen!" „Du bist noch nicht soweit!" Usw.

Meist merken Menschen, die so etwas sagen, nicht, wie groß ihr eigenes Ego ist. Hier benutze ich tatsächlich gerne ein Zitat aus der Bibel: „Du siehst den Splitter im Auge deines Nächsten, aber den Balken in deinem siehst du nicht" - man möchte sagen: Brett vorm Kopf!

Wenn ich dir das „EGO" aus der Sicht des Yin und Yang erkläre, wirst du merken, wie trickreich es wirklich ist. Das Ego entsteht, wenn nur die eine Seite gesehen wird. Sobald für diese eine Seite „Partei" ergriffen und diese als die einzige wahre Wahrheit und Wahrhaftigkeit gehalten wird, beginnt etwas in uns, genau diese Sicht zu verteidigen und das bisweilen bis ins Extremste und mit allen Mitteln. Ich habe das schon einmal in einem Beispiel mit dem Gesamtbild verglichen, das mit einem Vorhang abgehängt ist und jeder von uns betrachtet dieses 'Big Picture' durch ein kleines Loch. Sobald dieser Ausschnitt für das ganze Bild gehalten wird, zeigt sich deutlich, was die Gefahr ist. Jeder, der durch ein anderes Loch schaut, hält dann seine „Sicht der Dinge" für die einzig richtige. Diese wird blind verteidigt.

Das Ego ist übrigens immer auf der Seite des Guten, des Rechts, der Gerechtigkeit und der Wahrheit und es kämpft immer für die 'richtige Sache'. Das rechtfertigt dann auch alle Maßnahmen wie Zensur, Unterdrückung, Überwachung und Kontrolle, Versklavung und Krieg, bis hin zum Mord! Je größer das Ego, desto größer die Selbstdarstellung und Selbstbeweihräucherung. Extreme 'kicken' das Ego!

Einseitigkeit und Engstirnigkeit versuchen krampfhaft, sich selbst zu erhalten! Ich weiß nicht, warum dieser Mechanismus vorhanden ist und warum er entsteht. Er lässt sich allerdings überall beobachten.

Ich möchte es dir am Beispiel einer Münze, die ja bekanntlich zwei Seiten hat, aufzeigen, wie uns unser Ego steuert.

Stell dir vor, du hast vor dir in einer speziellen Vorrichtung eine Münze aufrecht auf einem Tisch stehen. In die eine Richtung zeigt 'Kopf', in die andere 'Zahl'. Mitten durch den Tisch geht eine unsichtbare Grenzlinie, die beide Bereiche in die 'Kopfseite' und die 'Zahlseite' einteilt. Jetzt gibt es jemanden, der auf der Kopfseite steht und sagt: „Kopf" und auf der Zahlseite steht jemand und sagt: „Zahl"! Es entsteht, anfangs vielleicht noch spielerisch, ein kleines Wortgefecht: „Kopf!" „Nein, Zahl!" „Nein, Kopf!" „Zahl!" Usw. Allmählich wird die Debatte lauter und es entsteht ein Streit. Jetzt sucht sich derjenige auf der Kopfseite andere Leute und sagt: „Schau mal, ist doch eindeutig Kopf!" Sagen wir, die meisten, die er findet, bestätigen das. Nun sucht sich auch der auf der Zahlseite 'Mitstreiter', die seine Sicht (Zahl) bestätigen. So werden es immer mehr, die sich streiten, debattieren, vielleicht sogar irgendwann bekämpfen und bekriegen.

Ab und an passiert es, dass einer von der Kopfseite unsicher wird und sich denkt, „vielleicht haben die da drüben ja doch recht?" und er fasst den Mut, die Seiten zu wechseln. Und er sieht - Zahl!

An diesem Punkt passiert aber oft etwas Erstaunliches. Jetzt fängt dieser eine plötzlich an, laut zu rufen: „Es ist doch ZAHL!!!" Das Ego packt ihn am Schopf!

Obwohl er vorher gesehen hat, dass auf der anderen Seite 'Kopf' zu sehen war, ist er auf einmal davon überzeugt, dass nur 'Zahl' das Richtige, die „Wahrheit" ist.

Und so wechseln immer wieder mal welche hin und her, streiten, bekämpfen und bekriegen sich auf alle Zeit, einfach weil keiner zulassen will, dass es nur die beiden Seiten ein und derselben Münze sind. Kopf UND Zahl.

Wer das jedoch sieht UND akzeptiert, wird frei und kann wahren Frieden finden!

Das Ego ist das, was immer auf der jeweiligen Seite Position (Stellung) bezieht.

Es löst sich vollkommen auf, sobald Vereinigung stattfindet!

Wie mit der Münzgeschichte erzählt, gibt es die Verfechter der 'Einen Seite' und dann die, die sagen, das 'Andere' ist das einzig Wahre. Auch hier kannst du wieder unzählige Beispiele finden. Da gibt es die Anhänger der Schulmedizin, die sämtliche Naturheilverfahren verteufeln und abschaffen wollen. Auf der anderen Seite gibt es die „Alternativen", die ihre Heilverfahren verfechten, aber auch nicht zu selten alles an der Schulmedizin verunglimpfen. Oder die, bei denen nur IHR Glaube zählt, um die Erlösung zu finden und alle anderen landen im Verderben und der Hölle. Doch das behaupten seltsamerweise so viele von sich! Oder die Logik, die über dem Gefühl steht (oder umgekehrt). Und so weiter!

Wahre Annäherung bedeutet aber, beide Seiten zu sehen, anzuerkennen und dann aus der gewaltigen Bereicherung, die daraus entsteht, das zum jeweiligen Zeitpunkt für sich persönlich Beste herauszusuchen.

Die Münze kann nur benutzt werden, wenn beide Seiten akzeptiert werden!

Aber Achtung: Ich darf den Menschen auch nicht nur als zweidimensional betrachten. Der Mensch besteht aus sehr vielen Facetten. Es gibt im Leben nicht „das eine Gleichgewicht", das in Ordnung gebracht werden muss, damit dann alles auf immer und ewig gut ist. Das ist Illusion! Wir brauchen das 'Ausbalancieren' in möglichst vielen Bereichen des Lebens. Das ist Kunst - Lebenskunst! Leben besteht aus unzähligen Yin und Yang - Verknüpfungen: Arbeit/Freizeit, Beziehungen (Ich/Du), Geben/Nehmen, Verstand/Gefühl, Stille/Aktivität, Essen/Ausscheiden, usw.

Wenn mal das eine oder andere 'System' aus der Balance gerät, dann stecken wir das noch locker weg. Was aber, wenn zu viele unserer „Paare" ins Ungleichgewicht kommen, wenn wir in zu vielen Bereichen unseres Lebens einseitig und zu extrem werden?

Ted Zeff - ein Autor - sagte einmal:

„Wenn wir aus dem Gleichgewicht geraten, neigen wir dazu, Dinge zu tun, die uns noch mehr aus der Balance bringen."

Wenn das stimmt, dann verstärkt unser - wahrscheinlich völlig unbewusstes - Verhalten jedwedes Ungleichgewicht noch. Und unser Ego hält uns zusätzlich davon ab, wieder in unsere Mitte zurückzukehren. Warum wollen wir immer recht behalten und können nicht auch einmal eingestehen, dass wir uns geirrt haben? Weil das Ego aus seiner Sicht nichts falsch machen kann und damit nichts falsch gemacht hat! Unser Ziel ist es also, das Ego möglichst auszuschalten. Das gelingt uns wie gesagt nur, wenn wir beide Seiten annehmen. Dann kommt es zur Ruhe und löst sich auf. Aber Achtung: es kann sich jederzeit wieder neu bilden, wenn wir erneut der Einseitigkeit verfallen. Genaugenommen gibt es ganz viele Egos, so wie es auch diese vielen Yin-Yang-Beziehungen gibt! Überall wo ich einseitig werden kann, gibt es solch ein „Ding", das auftaucht und mir die Rückkehr zu Einheit erschwert. Was für Teufelchen!

Schauen wir uns Extreme noch einmal mit dem Bild des Yin-Yang-Symbols an:

Ein Extremzustand
mit zuviel Yin.

Ein Extremzustand
mit zuviel Yang.

Hierbei ist es egal, welche der beiden Seiten dieses Überge-
wicht hat. Die 'Überwucherung' kann bis zur vollständigen Unterdrückung (Verdrängung) des anderen Teils führen (und jeder verdrängte Teil kehrt irgendwann - bisweilen umso stärker
– zurück).

 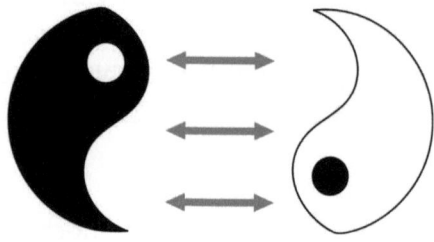

Die Yin & Yang-Philosophie führt den Gedanken der Extremzustände noch weiter. Werden die beiden Teile (Yin/Yang) auseinandergerissen, kann dieser Zustand nicht auf Dauer bestehen. Jede Seite für sich betrachtet stellt ein Extrem dar. Nichts kann jedoch problemlos im Extremen verharren.

Im Yin ist Yang und im Yang ist Yin vorhanden. In der Symbolik des Yin & Yang wird das dadurch verdeutlicht, dass in jedem der beiden Hälften immer das andere vorhanden ist, nur wesentlich kleiner. Kommt es zu einem Extremzustand, so „wächst" der unterdrückte Teil solange, bis wieder ein Gleichgewicht herrscht. Das ist das Prinzip des "Fließens".

Und in der Natur stellt sich immer wieder ein (natürliches!) Gleichgewicht ein. Wir hingegen landen oft im anderen Extrembereich - auf der anderen Seite. Wir versuchen ständig, Positionen künstlich am Leben zu erhalten. Die einen verherrlichen das Licht und verteufeln die Dunkelheit. Andere erheben Krieg zum Heldentum. Wieder andere erheben Perfektion zur Tugend. Wir springen von einem Extremzustand zum anderen (denk an die Münz-Metapher). Irgendwie sind wir dazu prädestiniert, auf extreme Zustände immer mit extremen Gegenmaßnahmen zu antworten.

Beispiele lassen sich dafür genügend finden. Menschen, die an einem Tag euphorisch glücklich sind, können am nächsten Tag zutiefst betrübt sein. Menschen, die einander lieben, im Sinne einer „falschen" Art von Liebe, hassen sich plötzlich. Autoritäre Erziehungsstile wechseln mit Laissez-faire, einem „Alles-gewähren-lassen".

In Kriegsgebieten entsteht ein nicht selten gewaltsamer Frieden. Dem Matriarchat folgt ein Patriarchat und umgekehrt. Menschen, die im Lotto gewinnen, sind manchmal danach umso mehr pleite. Kleine Firmen werden groß, große Firmen vergehen.

Hier kommt es mir oft so vor, als steigen wir auf ein Fahrrad, fahren los, reißen den Lenker nach rechts, fallen um. Steigen wieder auf, reißen den Lenker diesmal nach links (wir sind ja lernfähig!). Fallen wieder um. Steigen wieder auf. Lenker wieder nach rechts. Umfallen. Usw. Und dann beschweren wir uns irgendwann, dass Fahrradfahren überhaupt keine Freude macht. Dabei wäre es viel leichter und angenehmer, den Lenker immer nur leicht ausgleichend zu bewegen und 'ausbalanciert' die Fahrt zu genießen.

Denn bemühe ich mich, möglichst viele Bereiche meines Lebens ins Gleichgewicht zu bringen, dann entsteht daraus Stück für Stück ein wenig mehr Gesundheit, Glück und Frieden. Und das nur, weil ich jetzt weiß:

Liebe ist nicht nur Liebheit und Nettigkeit, denn sie besteht immer aus gemischten Gefühlen, nein sie ist die ausgewogene Verbundenheit eben dieser Gefühle.

Frieden ist die harmonische Verbindung natürlicher aggressiver Tendenzen und übersteigerter Friedliebigkeit. Frieden ist nicht das Gegenstück von Krieg.

Krankheit entsteht in einem Extremzustand. Entweder, wenn

zu viele Keime vorherrschen oder eine zu starke Hygiene. Gesundheit ist immer das ausgewogene Verhältnis krankmachender Keime und einer grundlegenden Sauberkeit. Daraus entsteht ein starkes und funktionierendes Immunsystem.

Egal wie, es wird sich also immer wieder ein Ausgleich herstellen. Zumindest auf einen langen Zeitraum gesehen. Für die Natur spielt Zeit keine wesentliche Rolle. Für den einzelnen Menschen schon. Daher ist es für uns nicht sinnvoll, Extrempositionen einzunehmen. In der Natur wirken sogenannte Regelkreise. Gibt es beispielsweise viele Fliegen, gibt es auch viel mehr Frösche (weil sie viele Fliegen als Nahrung bekommen). Gibt es mehr Frösche, gibt es weniger Fliegen (weil die Frösche sie weg fressen). Gibt es nun wieder weniger Fliegen, gibt es auch wieder weniger Frösche (weil sie nicht mehr so viel zu fressen haben). Das sind sich selbst regulierende Systeme. Wir haben diese Regularien außer Kraft gesetzt. Wie auch immer. Warum auch immer. Wir züchten immer mehr 'Fliegen' (im übertragenen Sinne), wodurch wir immer mehr Extreme bekommen. Also sollten wir etwas finden, wodurch wir uns selbst wieder besser in ein natürliches Gleichgewicht setzen können und das eben in möglichst vielen Bereichen unseres Lebens. Wenn das möglichst viele Menschen tun, gibt es doch noch Hoffnung, oder?

Für und Wider

Jetzt geht es ans Eingemachte. Das ist selbst für mich Neuland und noch schwer zu akzeptieren, doch ich spüre die Wahrheit darin!

Wenn du 'gegen' etwas bist, ist es klar, was das bedeutet. Doch was, wenn ich sage, dass du auch gegen etwas bist, wenn du 'für' etwas einstehst? Hüte dich davor, Partei zu ergreifen. Sobald du für die eine Seite bist, stellst du dich gegen die andere - und umgekehrt.

Laotse sagte hierzu:

„Wenn jeder die Schönheit als schön erkennt, gibt es bereits Hässlichkeit. (...) Sein und Nichtsein erzeugen sich gegenseitig."

Was, wenn das wahr ist?

Dann bedeutet das nämlich, dass ich Krieg brauche, um FÜR den Frieden zu sein. Dass ich den Hass brauche, um FÜR die Liebe zu sein.

Oder andersherum ausgedrückt: Wenn ich für den Frieden bin, gebe ich auch dem Krieg Energie (eine Daseinsberechtigung). Wenn ich nur die Liebe fordere, nähre ich auch die Existenz des Hasses.

Und Laotse soll auch gesagt haben:

„Wer die Welt verändern will, richtet sie zu Grunde".

Solange ein Mensch behauptet, die Welt (außerhalb seiner

selbst) müsste anders sein als sie ist und dieser oder jener „Weg" sei richtig oder falsch, nihiliert er sowohl die Existenz eines höheren (oder tieferen) Bewusstseins als auch das Ur-Vertrauen, dass alles gut ist, wie es ist. Er ur-teilt.

Sobald du dich für eine Seite ent-scheidest, gibst du dem Getrennt-Sein Nahrung und Energie (und du selbst verlierst Energie). Sobald du das gesamte Leben als solches, so, wie es sich dir darbietet, akzeptierst und umfasst, ver-EINst du Teile zum „Größeren Ganzen". Eine Bewegung in eine Richtung ist immer auch eine Gegenbewegung gegen die andere Richtung. Erst beide Seiten anzunehmen, bringt die Energien ins Gleichgewicht und dich an den Nullpunkt der Einheit, an dem alle Energien für jeden Schöpfungsprozess sitzen und zur Verfügung stehen.

Aber braucht es nicht z.B. gegen Unrecht Widerstand?

Während die Thematik des Yin und Yang mich über 35 Jahre begleitet, sind diese eben geäußerten Gedanken hier für mich relativ neu. Es kann also gut sein, dass es Maßnahmen braucht, wenn etwas aus dem Gleichgewicht geraten ist. Ein Gegengewicht, eine Gegenkraft. Doch ich halte es dann für wesentlich, zu erkennen, wann das Gleichgewicht wieder erreicht ist, um mich wieder in einem Zustand der Harmonie einzupendeln, nicht zu weit über mein Ziel (die Mitte) hinauszuschießen und nicht einfach nur wieder auf die 'andere' Seite zu schwingen.

Zuviel des Guten

Kennst du den Ausdruck: „Zuviel des Guten"? Gibt es das? Kann es vom „Guten" zu viel geben? Doch nur, wenn dieses „Gute" wieder einmal mehr das Einseitige ist, oder?

Beispiel:
Ein erster Widerstand gegen eine auftretende Kraft ist wohl normal und vielleicht auch gut. Doch wann merke ich, dass es reicht? Wann ist es „Zuviel des Guten"?

Im Tai Chi gibt es eine Übung, die das sehr veranschaulicht (oder besser: verinnerlicht). Sie nennt sich: „Stoßende Hände". Dabei berühren sich zwei Akteure an ihren Handgelenken und begeben sich in ein 'Spiel' aus drücken und gedrückt werden. So zumindest ist die Idee. Manchen fällt bereits das schwer und sie drücken nur (oder lassen sich nur drücken). Ein weiterer Aspekt der Übung ist, dem anderen hin und wieder einen Stoßimpuls zu geben, der ihn aus dem Gleichgewicht bringen kann, wenn er zu passiv ist oder aber seine Kraft ins Leere laufen zu lassen, wenn er zu aktiv wird. Das ist Yin und Yang in Bewegungsaktion.

Wenn einem diese Übung unbekannt ist, dann passiert es jedoch oft, dass auf eine einwirkende Kraft (Druck) ausschließlich mit einer Gegenkraft (Gegendruck) reagiert wird. Also, ich werde gedrückt und drücke zurück. Ich werde stärker gedrückt und drücke umso stärker zurück. Bis zur vollständigen Erschöpfung eines oder beider Teilnehmenden. Probiere es einmal aus. Die meisten reagieren so, wenn ihnen vorher nichts anderes gezeigt wurde.

Doch wie wende ich das Yin und Yang-Prinzip an? Es wird ein Druck auf mich ausgeübt (Yang-Aspekt). Ich halte eine gewisse Spannung aufrecht, um nicht sofort aus dem Gleichgewicht gebracht zu werden (das ist der Yang-Aspekt in mir). Doch wenn ich spüre, dass mir die Kraft zu groß wird, kämpfe ich nicht mit noch mehr Yang dagegen an, sondern ich lenke die Kraft um (ich gebe ihr nach - Yin-Aspekt). Dadurch geht die drückende Kraft oft ins Leere und 'verpufft'. Sie wandelt sich schlagartig in Yin. Der Drückende gerät aus der Balance und läuft an mir vorbei. Zudem kann ich mir (im übertragenen Sinne) dann oftmals aus der Sicht des Drückenden ansehen, was dieser überhaupt von mir wollte. Ich schaue mir sein Problem (mit mir) aus seiner Perspektive an, wodurch ich ihn vielleicht besser verstehen kann, ohne mir sein Problem zu eigen zu machen.

Ich gehe noch einen - völlig spekulativen - Schritt weiter! Kann es sein, dass wir mit allem in dynamischen Yin-Yang-Verhältnissen zusammenhängen? Kann es sein, dass es dadurch bedingt so etwas wie einen universalen Energieausgleich gibt? Soll heißen: wenn es irgendwo ein Yang gibt, gibt es auch irgendwo anders ein Yin, das es auszugleichen sucht! Wird etwas voll, wird dann etwas anderes leer? Geht etwas vor, geht dann etwas anderes zurück? Was, wenn das nicht nur auf mich als 'Einzel-System' zutrifft, sondern auch für den 'Gesamtorganismus'?

Denn dann würde es auch bedeuten, dass für jeden Menschen, der übertrieben (und einseitig) liebt, ein anderer den Hass als Ausgleich setzen muss. Oder wenn jemand übertrieben friedvoll ist, irgendwo eine Aggression als Ausgleich entsteht.

Dieser Gedanke ist seltsam, doch ich halte es nicht für unmöglich. Wenn das stimmen könnte, sollte ich dann nicht erst recht nach einer Ausgewogenheit streben, danach, ein ganzer Mensch zu sein?

Es kann also sein, dass ich Extremen gegensteuern muss. Möglich ist aber auch, dass ich nur in meine Mitte kommen brauche, in mein Nullpunkt-Energiefeld und sich dort das Leben neu erschafft. Alleine dadurch, dass ich mich (im Innern) verändere, verändert sich mein Außen. Und wenn das bei genügend Menschen der Fall wäre, würde sich von ganz alleine wieder alles Extreme beruhigen und Ruhe, Frieden, Liebe, Glück und Miteinander einkehren.

Lasst uns einmal intensiver darüber nachdenken!

Die Liebe

Löst nicht die Liebe alle Probleme?

Nur, wenn wir die Liebe richtig verstehen. Die Liebe ist. Sie ist ein Daseinsprinzip. Die Liebe muss nicht angepriesen werden. Denn, wer die Liebe predigt, vergisst, dass er dadurch auch den Hass in die Welt setzt. Alles auf dieser Welt hat sein Gegenteil. Umarme das Leben vollständig. Löse dich auch von der Liebe. Sie ist nur eine Definition. Wenn du dich löst, dann brauchst du keine Liebe mehr. Dann bist du Liebe.

> **Liebe will nicht,**
> **Liebe kämpft nicht,**
> **Liebe wird nicht,**
> **Liebe ist.**
> **Liebe sucht nicht,**
> **Liebe fragt nicht,**
> **Liebe fühlt sich an, wie du bist.**
>
> **Liebe soll nicht,**
> **Liebe kämpft nicht,**
> **Liebe wird nicht,**
> **Liebe ist.**
> **Liebe sucht nicht,**
> **Liebe fragt nicht,**
> **Liebe ist, so wie du bist.**
> **So wie du bist, so wie du bist.**
>
> **(Ausschnitt aus dem Lied: 'Liebe ist' von Nena)**

Kommst du mit in die Mitte - an den Punkt, von dem alle Kraft ausgeht, weil sich dort sämtliche Energien bündeln?

JEDER VON UNS IST NUR
EIN MENSCH, NUR EIN
VERSUCH, EIN
UNTERWEGS. ER SOLLTE
ABER DORTHIN
UNTERWEGS SEIN, WO
DAS VOLLKOMMENE IST,
ER SOLL INS ZENTRUM
STREBEN, NICHT AN DIE
PERIPHERIE.
(AUS: HERMANN HESSE – DAS GLASPERLENSPIEL)

Der Mensch der Mitte

Alles, was ich in diesem Kapitel schreibe, ist eine Art Vision. Ich möchte das Bild eines Menschen zeichnen, der die ideale Verkörperung dessen darstellt, was meine gesamte philosophische Ausführung bisher als Ziel hat: Einen friedvollen, liebenden, gütigen, geselligen, kommunikativ versierten Menschen. Einen Menschen, der nach Einigung strebt und die Spaltung überwindet. Einen Menschen, der bemüht ist, jeden Tag aufs neue einen (seinen) kleinen Beitrag zum Gleichgewicht des Gesamten beizutragen - einen „Hüter des Gleichgewichts" eben. Zwar bin ich in der Lage, philosophische Abhandlungen zu schreiben, doch natürlich ist es auch für mich immer wieder aufs Neue eine große Herausforderung, dieser Sichtweise des 'Eins-Seins', des 'Miteinander' und des täglichen 'Bemühens nach Ganzheit' zu folgen. Erst recht in einer Welt und ganz besonders in einer Zeit, in der sich das Gefühl des 'Gespalten-Seins' in schwindelerregende Höhen geschaukelt hat. Ich schreibe dieses Kapitel daher auch für mich, um mich selbst immer wieder zu erinnern, was ich gerne leben möchte.

Alles im Universum steht in wechselseitig zueinander in Beziehung stehenden Beziehungen.

(Boris Bankl)

Ich glaube daran, dass ich Veränderung im Außen nur durch Veränderung im Inneren bewirken kann. Dazu hatte ich vor langer Zeit einmal folgende Gedanken: Alles beruht nicht nur auf einem ständigen Wandel der polaren Kräfte, sondern alles kann als ein System dieser sich wandelnden Kräfte in einem noch größeren oder noch kleineren System der sich wandelnden Kräfte gesehen werden. Diese Idee lässt sich in beide Richtungen weiter denken. Dem Gedankengang liegen die Ansicht des „Mikrokosmos und Makrokosmos" sowie die Theorien „wie im Kleinen, so im Großen", „wie innen, so außen", „wie oben so unten" zugrunde. Hast du davon schon einmal etwas gehört? Wenn nicht, lohnt es, sich damit einmal zu beschäftigen.

Ich beginne beispielsweise auf atomarer Ebene - und wir wissen seit der Entdeckung noch kleinerer Teilchen, dass Atome nicht die kleinste Einheit sind. In der Dimension der Atome finden sich positiv und negativ geladene Teilchen, Elektronen und Protonen (Yin und Yang).

Bilden Atome eine Ansammlung von Teilchen, entsteht das, was als Materie bezeichnet wird, z.B. eine Zelle. Auch eine Zelle kannst du unter dem Aspekt des Yin und Yang betrachten. Beispielsweise ergibt sich das zelluläre Gleichgewicht durch eine Ausgewogenheit positiv und negativ geladener Mineralstoffe (Teilchen) wie Natrium oder Kalium etc. Möge mir meine laienhafte Darstellung verziehen werden. Hier geht es nur um die Idee.

Eine Anhäufung von Zellen ergeben ihrerseits ein Organ, das

einem Yin-Yang-Rhythmus unterliegt (z.B. aktiv und passiv). Jedes Organ wiederum besitzt nach Sicht der Chinesischen Medizin mehr Yang-Kraft oder mehr Yin-Kraft. Die Organe liegen in einer besonders großen Ansammlung von Zellen, die als Summe beispielsweise einen Menschen ausmachen, der nach seiner Geschlechtszugehörigkeit ebenfalls als Yin oder Yang bezeichnet werden kann.

Zudem kann innerhalb dieses „Systems Mensch" der Yin-Aspekt und der Yang-Aspekt wechseln. Dein Herz ist das beste Beispiel für Yin und Yang, ein ständiger Wechsel von Anspannung und Entspannung, ebenso deine Ein- und Ausatmung.

Jeder Mensch lebt in Korrelation zu anderen Individuen, die ihrerseits Yin-Yang-Systeme darstellen. Sogar soziale Systeme wie unsere Gesellschaftsstruktur können yin- oder yang-orientiert sein. Als Beispiel sei nur ein Patriarchat (Yang) im Vergleich zu einer von Frauen beherrschten Struktur, dem Matriarchat (Yin), genannt.

Diese Subsysteme mit ihren Subsystemen in Subsystemen... leben auf einem Planeten, der Erde, die in ihren Jahreszeiten bereits einem Yin-Yang-Zyklus unterworfen ist (Winter Yin, Sommer Yang).

Die Erde als solche kann wieder als ein Aspekt, z.B. Yin innerhalb unseres Sonnensystems (Sonne Yang) gesehen werden. Mehrere Yin-Yang-Sonnensysteme ergeben unser bekanntes Universum.

Die moderne Physik, die übrigens den uralten daoistischen Ansichten sehr aufgeschlossen gegenübersteht, behauptet zudem, dass sich unser Universum seit dem Urknall ausdehnt (Yang) und sich irgendwann wohl wieder zusammenzieht (Yin). Vielleicht zieht sich gerade ein Parallel-Universum zusammen, das sich dann wieder ausdehnt, gleich dem Herzschlag eines unvorstellbaren Organismus, der wieder aus Yin- und Yang-Aspekten besteht?

Diesen Gedanken weiterzudenken bleibt dir nun selbst überlassen.

Aus dieser Sichtweise, verknüpft mit dem Bild eines „Menschen der Mitte", bin ich nun auf den Gedanken gestoßen, dass wir diesen „Gesamtorganismus" alleine dadurch verändern können, dass wir uns verändern.

Wenn wir es schaffen, einen Großteil unserer eigenen Yin-Yang-Systeme in harmonischen Gleichklang zu bringen, sind wir ausgeglichenere und gesündere Menschen, die wiederum soviel Harmonie ausstrahlen, dass sie andere Menschen dazu bringen können, selbst mehr Harmonie zu finden. Stelle dir vor, Menschen könnten auf dieser Erde in einer solchen Harmonie leben, dass sie eine harmonische Schwingung des Planeten erzeugen, was wiederum zu einer Harmonisierung des gesamten Sonnensystems führt...

Ich fühle mich bei dieser Sichtweise zwar sehr klein, aber zugleich sehr wertvoll und geborgen.

Natürlichkeit versus Unnatürlichkeit

Bereits mehrfach sagte ich, ich habe keine Ahnung, warum wir widernatürlich handeln können. Doch warum auch immer, wir können es! Und: Wir haben uns ein Leben voller UN-Natürlichkeit geschaffen. Wir werden von einem Wecker wider unseres natürlichen Rhythmus aus unserem Schlaf gerissen, gehen zu einer Arbeit (die uns womöglich nicht einmal gefällt) und müssen dort eventuell die ganze Zeit sitzen, was uns jegliche Energie raubt. Wir glotzen starr auf Bildschirme und Handys und verlieren komplett den Bezug zu unserer Umgebung. Wir verkümmern im Stillstand. Als vermeintlichen Ausgleich gehen wir extremen Sportarten nach und vergeuden unsere Energie erneut, in der Hoffnung, unsere vergeudete Energie dadurch wieder zu erlangen. Was für ein abstruses Verhalten!

Unsere Realität wir immer mehr durch eine Fiktion ersetzt. Filme zeigen uns von Kindesbeinen an, wer die Guten und wer die Bösen sind, oft unterteilt in eine helle und eine dunkle Seite, die sich natürlich gegenseitig bekämpfen (müssen). Die Helden dort leben uns ein Abenteuer vor, das wir selbst nicht leben und gleichzeitig werden in uns Bedürfnisse geweckt, die wir im Grunde gar nicht haben. Uns wird über diese Filme seit unserer Kindheit eingetrichtert, dass wir nur unsere eine große Liebe finden müssen und wir leben glücklich bis in alle Ewigkeit. Werbung gaukelt uns vor, was wir haben müssen und was gerade 'in' ist. Sie zeigt uns, was Schönheit zu sein hat oder Fitness. Und dann ist da noch das Geld, von dem wir uns haben versklaven lassen. Wir können nicht mehr anders! Jetzt MÜSSEN wir arbeiten, weil sonst....

Wir ließen es zu, dass wir in ein Gefängnis gesteckt wurden. Ja, noch schlimmer, wir haben uns selbst in dieses Gefängnis manövriert. Und jetzt passen ganz viele darauf auf, dass wir nicht wieder heraus kommen. Wir haben unsere Macht und Eigenverantwortlichkeit an andere abgegeben. Wir sind so voller Ängste, dass wir häufig komplett vergessen, zu leben.

Wie kommen wir da nur wieder raus?

Besinnen wir uns einfach wieder unserer Natur (und der Natur im Allgemeinen). Unser Körper sagt uns sehr genau, was uns gut tut und was nicht. Nur, dass er eine recht feine Stimme hat, die wir bereit sein müssen, zu hören. Und wir sollten auch auf das hören, was sie uns sagt.

Wir haben als Menschen ein sehr subtiles Spektrum des Wohlbefindens, einen recht eng gefassten Bereich, in dem wir uns wohl fühlen und gesund sind und bereits geringe Abweichungen in die eine oder die andere Richtung führen schnell zu Unwohlsein, Krankheit und Tod.

Halte einmal deine Hand über eine Kerzenflamme oder in die Nähe eines Feuers und du wirst sehr deutlich spüren, wann du sanfte und wohlige Wärme empfindest und wann du dich einem Extremzustand näherst. Das gleiche gilt für Kälte. Kaltes Wasser kann sehr schmerzhaft sein, usw. Die Natur ist eine strenge Lehrmeisterin.

Wir wissen im Grunde genommen, wann wir satt sind und genug gegessen haben und wann es 'zu viel' war. Wir wissen, dass wir uns mehr bewegen oder früher ins Bett gehen sollten. Wir alle finden genug Beispiele aus unserem Leben, wo wir wider uns selbst und unserer inneren Stimme handeln.

Wenn wir uns nun vornehmen, öfter wieder darauf zu hören - auf diese zarte Stimme - werden wir uns Schritt für Schritt, ganz allmählich und von ganz alleine unserem Wohlbefinden, und damit unserer Mitte nähern.

Dann sind wir ausgeglichenere (woher dieses Wort wohl kommt?) Menschen und können auch den anderen mit mehr Gelassenheit und Feingefühl begegnen.

Als 'Mensch der Mitte' möchte ich mich also bewusst aus einem starken Schwanken ausklinken, die Ruhe in der Bewegung und die Bewegung in der Ruhe erlangen. Ich möchte einen natürlichen Zustand des Gleichgewichts wiederherstellen. Ich möchte so gerne einfach genüsslich „Fahrradfahren"!

Doch was ist die Mitte?

Ich kann dir nicht sagen, was DEINE Mitte ist. Wir haben sicherlich alle eine ähnliche Bandbreite, was gewisse Parameter betrifft (das habe ich gerade mit Wärme und Kälte schon einmal angesprochen), doch was abstraktere Dinge wie beispielsweise das Bedürfnis nach Nähe oder Abstand angeht, ist die „Mitte" etwas recht Individuelles. Das kann für jeden einzelnen Menschen also sehr unterschiedlich sein. Was für mich Balance ist, kann für einen anderen recht unausgewogen sein und umgekehrt. Was für einen schon ein Extrem ist, kann sich für mich noch recht gut anfühlen. Und, da wir uns in einer Welt der ständigen Veränderung (woraus nicht wenige Kapital schlagen wollen) bewegen, verändert sich auch deine Mitte. Dieser „Aufenthaltsort" ist eher ein sanft-dynamischer Prozess. Das, was gestern deine Mitte war, ist sie heute vielleicht schon nicht mehr und womit du dich heute ausgewogen fühlst, kann in ein paar Tagen, Wochen, Monaten oder Jahren ein Extrem sein. Es ist DEINE persönliche Mitte und niemand kann dir von Außen sagen, wie diese sein soll oder sich anzufühlen hat! Darum ist das Hören auf die eigene innere Stimme auch so wichtig.

Ich kann dir also nur allgemeine Beschreibungen geben als Anhaltspunkt, wie du für dich deine persönliche Mitte definieren und dich darin einpendeln kannst.

Für mich geht es darum, einen möglichst natürlichen Rhythmus und meine individuelle Ausgewogenheit zu finden. Mein persönlicher Maßstab ist mein 'gutes Gefühl' mit einem Menschen, einer Sache, einem Umstand oder einem Ereignis. Solange ich mich mit etwas, auch über einen längeren Zeitraum, wirklich wohl fühle, bin ich im 'dynamischen Gleichgewicht'.

Wenn ich in meiner Mitte (zentriert) bin, stellen sich eine gewisse Ruhe, ein innerer Frieden und ein Energiereichtum (Stärke) sowie eine stabile Gesundheit ein.

Als Mensch der Mitte möchte ich aufhören, zu kämpfen, zu suchen, mich anzustrengen. Ich möchte in dem leben, was ist, dankbar und ausgeglichen. Ich 'fließe' durch das Leben und alles Nötige fließt mir zu. Ich hafte nicht an irgendetwas und somit haftet nichts an mir. Ich besitze, wenn ich mag, vieles, aber nichts besitzt mich. Das ist das Ideal.

Natürlich möchte ich mir hier nichts selbst vormachen. Ich lebe in einer Welt, die tagtäglich neue Herausforderungen stellt und von mir verlangt, mich immer wieder neu auszubalancieren. Es ist ein schwieriges Gelände, auf dem ich mich bewege, und ich habe meinen 'Lenker' mit sehr viel Feingefühl immer und immer wieder neu zu justieren.

Letztlich ist der „Mensch der Mitte" eine spirituelle Reise mit all ihren Wegen, Umwegen, Irr- und Abwegen.

Die Idee ist, sich nicht mit aller Gewalt gegen etwas zu stellen, das im Leben auf uns zu kommt, es aber auch nicht zu verdrängen und so zu tun, als sei es nicht vorhanden, sondern es annehmen, als das, was es ist: Eine Lebenserfahrung. Sehr oft erleichtert bereits die Annahme einer für uns als unangenehm eingestuften Erfahrung den Umgang mit ihr. Ich habe früher in einem Buch etwas gelesen über die „Sieben Krankheiten". Ich weiß sechs davon nicht mehr. Doch eine davon ist hängen geblieben. Diese 'Krankheit' war, das „Streben, die Krankheit loszuwerden." Das hat mir tatsächlich oft im Leben geholfen. Sobald ich etwas als das akzeptiert habe, was es ist, hat es sich oft einfach aufgelöst. Krampfhaft zu versuchen, etwas loszulassen (oder loszuwerden) ist genauso, wie wenn ich versuche, krampfhaft etwas festzuhalten. Wenn ich aber beides, das Loslassen und das Festhalten annehme, dann bewege ich mich zwischen zwei Polen wie ein sich sanft schlängelnder Fluss.

Wenn sich bei mir positive, dann wieder negative Gefühle an-
bahnen, konstruktive Gedanken den destruktiven die Klinke in
die Hand drücken, dann nehme ich einfach beide an als das,
was ich bin. Ich teile nicht auf in gut oder schlecht, sondern
nehme mich als „Ganzen Menschen" an. Damit lebe und ge-
deihe ich - ähnlich einer Batterie aus Plus und Minus - innerhalb dieses Spannungsverhältnisses.

Kennst du das Positive Denken? Es wurde und wird von vielen
propagiert. Hast du es einmal ausprobiert? Alles durch positive Gedanken zu ersetzen? Über alles nur positiv zu denken?
Ein schwieriges Unterfangen. Ich sage sogar, ein unmögliches.
Wer das von dir fordert, möchte nur deine Energien abschöp-
fen. Denn was ist, wenn plötzlich negative Gedanken auftau-
chen? FEHLER! Ich MUSS sie schnell in positive umwandeln.
Immer nur positiv denken! Doch das ist letztlich auch nichts
anderes als Verdrängung. Nimm deine positiven UND deine
negativen Gedanken an und du kommst über das positive
ODER negative Denken hinaus zum VOLLSTÄNDIGEN DENKEN.
Glaube mir, das befreit ungemein!

Das ist „surfen" aus deiner Mitte heraus entlang der Welle,
entlang der feinen Linie, an der sich Yin und Yang treffen.

Hierzu las ich einmal folgende Zeilen in einem Buch von Rode-
ric Sorell über das I Ging (das Orakelbuch der Wandlungsphasen):

„So muss sich der Wellenreiter (...) ständig neu
ausbalancieren; Anspannung wechselt ständig mit

Entspannung auf der Suche nach dem schwer fassbaren
Mittelpunkt, der ihn auf der Welle hin zum Strand tragen
wird. Unter dem Wellenreiter ist die Welle, eine riesige,
mächtige Kraft, die durch die Kraft des Mondes und der
Planeten bewegt wird, die wiederum durch die noch
gewaltigeren Kräfte der Galaxien regiert werden. Wenn der
Wellenreiter den Punkt des Gleichgewichts und der
Harmonie gefunden hat, reitet er auf dem Mittelpunkt von
Spannung und Entspannung und wird für einen kurzen
Augenblick eins mit den Kräften des Kosmos. Dies ist die
wahre spirituelle Erfahrung eines jeglichen Unterfangens."

Wie ich finde, eine sehr schöne Veranschaulichung.

Ich möchte in der Mitte sein, damit ich beide Seiten sehen
kann, denn wenn ich in einem Extrem bin, verliere ich den
Blick für die andere Seite. Nur in der Mitte kann ich ruhig leben. Von der Mitte aus habe ich den gleichen Abstand zu beiden Seiten. Hier finde ich Ruhe mit allen Handlungsoptionen.
Nur wenn ich beide Extreme verbinde, werde ich handlungsfä-
hig und nach Bedarf aktiv. Ich fließe. Wenn ich mich von einem Pol zu stark anziehen lasse, ergreife ich Partei und komme aus dem Fluss.

Ziel eines jeden Menschen, der zum „Menschen der Mitte"
werden möchte, ist es, möglichst viele der ihm innewohnen-
den Kräfte in Ausgewogenheit zu bringen sowie die äußeren
und inneren Kräfte in Gleichklang zu setzen, um nicht ständig
von einem Extrem ins andere zu "rutschen".

Die Mitte ist das unbändige, kreative Kraftfeld, aus dem heraus alles Leben entsteht. Sie ist das Hier und Jetzt, der einzige Augenblick, an dem Leben stattfindet!

Manche sagen, die Mitte ist das Mittelmaß. Das stimmt nicht! Die Mitte ist der Ruhepol. In der Mitte zu sein erlaubt, Möglichkeiten auszuloten. Das ausschließliche Verharren in der Mitte führt zum Mittelmaß. Das Leben pulsiert zwischen den Polen, zwischen den Extremen. Und wenn ich leben will, dann ist Pulsieren alternativlos. Aber ein moderater - nur gelegentlich beschleunigter - Puls ist besser als ständig in der Erschöpfung zu sein.

Wer zu lange im Extremzustand bleibt, läuft Gefahr, sich dort zu verlieren. Wer zu lange am gleichen Punkt bleibt, steht still. Mittelmaß ist immer Stillstand, egal wo. In der Mitte oder an einem Extrem. Fließen ist das Bewegen an der Mitte entlang, verbunden mit einem sanften Pulsieren. Die Rückkehr zur Mitte ist dennoch sehr wichtig. Nur wer immer wieder zu SEINER Mitte (seinem Nullpunktfeld, seiner Null-Linie), zurückkehrt, kann das Leben in seiner vollen Bandbreite, in seiner kompletten Schwingung (Amplitude) erleben.

Vergleiche hinken immer, sei dir dessen bitte bewusst. Dennoch finde ich, dass sie helfen können, sich manche Dinge besser vorstellen zu können.

Ich ziehe einmal mehr das Fahrrad als Beispiel heran. Diesmal stelle dir bitte vor, du bist so klein, dass du dich auf die Nabe eines Rades setzen kannst. Das definieren wir als deinen Mittelpunkt. Die Speichen sind verschiedene Wege (Optionen) im großen 'Rad des Lebens'. Außen am Reifen sind die Extreme, die Randbereiche. Die Speichen teilen zudem das Rad in verschiedene TEILE. Kommt dir das bekannt vor?

Kannst du nachempfinden, wenn ich sage, nahe der Nabe ist die Bewegung sanft und recht ausgewogen, doch je weiter hinaus du dich begibst, desto mehr spürst du das 'Karussell'? Wenn du jetzt ständig im Extrembereich bleibst, spürst du auch am meisten „Fliehkraft". Du hast ständig das Gefühl, herauszufallen.

Jetzt musst oder möchtest du im Leben aber verschiedene Wege gehen und vielleicht möchtest du auch ab und an Extreme erleben. Das ist in Ordnung, wenn du die 'Mitte' (als Idee) und das 'Ganze' (als Konzept) nicht aus den Augen verlierst. Denn wenn du dich nur auf einer Speiche befindest, und das (übertreiben wir mal) für immer, dann siehst du mithilfe dieses Bildes doch auch, wie einseitig und begrenzt das ist, oder? Überall dort besteht die Gefahr der Einseitigkeit und des Erlebens des Getrennt-Seins. Aber eben nicht in der Mitte.

Nur, wenn du immer wieder zur Mitte (zur Nabe) zurückkehrst, siehst du alle Möglichkeiten (alle Richtungen) und kannst dich stets aufs Neue entscheiden, ob du etwas anderes (eine andere Speiche) ausprobieren möchtest.

Übung 3

Zum Abschluss dieses Kapitels noch eine Übung für den Alltag: Finde einen Zustand in deinem Leben, mit dem du dich nicht gut fühlst, z.B. „Ich arbeite viel zu viel". Definiere das Extrem möglichst genau. Was könnte das Gegenextrem sein, z.b. ich arbeite gar nicht mehr (Faulsein 'forever')? Wo liegt die Mitte, z.b. ich arbeite weniger und gönne mir mehr Freizeit? Wie komme ich dahin?

Oder, wenn Du beispielsweise alles zu wichtig nimmst, kannst du eine zeitlang ein gewisses „Mir-ist-alles-egal-Gefühl" entwickeln. Du solltest nur aufpassen, dass das nicht wieder ins Gegenteil umkippt. Die Betonung liegt also auf „eine zeitlang".

Durch aufmerksame Beobachtung kannst du die Extreme annähern und abschwächen und dich allmählich ausbalancieren. Mache das so lange und so oft, bis du dich in deinem Leben wieder wohl fühlst. Und wenn du einen Bereich ausgeglichen hast, hüte ihn sorgsam. Dann nimm dir den nächsten vor und dann wieder den nächsten - und immer so weiter.

Der Weg des Lebens

Wie bereits gesagt: Jeder Vergleich hinkt. Den folgenden biege ich mir zusätzlich zurecht! Du bist auf einer Wanderung durch eine Landschaft mit Hügeln und Bergen. Ich definiere jetzt jedoch die Spitze eines Hügels oder Berges als Ausgangspunkt (deine Mitte) und die Täler als die Extreme. Diese Reise ist also geprägt von einem beständigen Auf und Ab. Wenn du auf einem der Hügel angekommen bist, dann bist du sozusagen in der Mitte. Du hast einen Über-Blick und kannst Ausschau halten nach neuen Wegen (Optionen) und anderen Hügeln. Du siehst die (möglichen) Wege vor dir. Doch jedes Mal, wenn du einen 'Gipfel' verlässt, begibst du dich in Richtung eines Extremes. Du verlierst erst einmal deine 'Mitte'. Und du verlierst den Überblick. Wenn du jetzt diesen Weg für den Einzigen (und einzig wahren) hältst, wird es schon gefährlich. Denn dann bleibst du nur auf diesem Weg, egal, wie er sich vor dir entfaltet. Du wirst unflexibel. Und wenn du doch weiter gehst und im Tal (Extrem) angekommen bist, aber nun nur dieses Tal als das 'Wahre Tal' definierst, dann bleibst du auf ewig dort. Du verteidigst dieses eine Tal - mit allem, was du hast. Du hörst auf zu wandern und wirst sesshaft (und wirst mittelmäßig). Das ist für eine zeitlang sicherlich in Ordnung. Denn nach jeder Wanderung möchte man gerne irgendwo ankommen, sich ausruhen und neue Kraft tanken. Doch das Leben ist nun mal eine Reise und sollte in Bewegung bleiben. Genauso ist es aber Stillstand, wenn du nur auf einen der Hügel kletterst und dort bleibst. Auch dann gehst du den Weg nicht mehr. Du hast dich 'festgelegt'. Da Leben jedoch Bewegung bedeutet, ist es einfach schöner, zu wandern und immer wieder auf einen neuen Hügel zu gelangen, sich dort einen erneuten Überblick zu verschaffen, den Kurs neu auszurichten und, nach einer Weile des Aufenthalts und der Erholung, ohne wehmütigen Blick zurück, einfach weiter zu gehen. Manchmal erklimmst du einen Berg und hast das Gefühl, dich verirrt zu haben. Es ist mühselig und sehr anstrengend. Vielleicht kommt auch noch Sturm oder Nebel auf und du weißt gar nicht mehr, wo genau der Weg vor dir liegt. Dann tastest du dich einfach Schritt für Schritt (auf Sicht) weiter. Immer weiter nach oben (zur Mitte hin). Irgendwann wirst du auf dem Gipfel ankommen und dann weißt du, dass sich der Weg gelohnt hat. Denn von diesem Berg hast du einen gewaltigen Blick auf eine unfassbar schöne Landschaft mit ganz vielen neuen Wegen, die sich nur dadurch vor dir eröffnen, dass du durchgehalten hast, den Gipfel zu erklimmen. Jede neue 'Mitte' die du findest, wird sich anders anfühlen. Dennoch wird sie sich gut anfühlen. Du wirst es wissen, dass du wieder in der Mitte bist, wenn du deine Möglichkeiten klar vor dir siehst. Das ist der Wechsel von Ausruhen und Wandern, Ausruhen und Wandern. Wenn du jedoch den Gipfel oder das Tal als (endgültiges) Ziel betrachtest, und nicht den Weg, dann verlierst du dich in einer Illusion!

Der „Mensch der Mitte" ist also eher eine Sichtweise, eine Einstellung, die du allmählich für dich entdecken kannst. Diesen Mittelpunkt und dieses Kräftegleichgewicht herzustellen, bedarf eines (erlernbaren) Gespürs und einer sehr bewussten, feinfühligen Einstellung und Offenheit.

Auf einfache und natürliche Weise zu leben ist solange schwierig, bis es (wieder) „eins" mit dir wird. Dann begreifst du, wer du bist, wo du bist, was DEIN Potenzial ist - und du erkennst, dass du schon da warst, wo du hin wolltest, bevor du angefangen hast, zu suchen. Denn der Weg - DEIN Weg - ist immer in dir!

Wir haben tatsächlich die Wahl! Hin- und Her-Gestoßene mit immer enger werdendem Horizont (einseitiger Blick) zu sein oder: In sich Ruhende, die alles Spannende und Schöne um sich herum wahrnehmen (können).

Ein kurzer Blick auf die Idee des Daoismus und sein bestes Werkzeug, das „Wu Wei", hilft uns, die in diesem Buch beschriebenen Ideen und Ansätze noch besser zu verstehen.

Daoismus

Eines erwähnte ich in einem der vorherigen Kapitel bereits: Warum der Mensch wider seine Natur handeln kann, weiß ich nicht. Darauf kenne ich keine Antwort. Vielleicht wächst mit dem Bewusstsein über sich selbst auch die Möglichkeit, vom natürlichen Fluss, vom großen Plan und vor allem von einem Gefühl des „fließenden Lebens" abzuweichen. Ich kann nur aus eigener Erfahrung sagen, dass es eine Lebensweise gibt, bei der ich „mit den Dingen" fließen oder mich „gegen sie" stellen kann. Vielleicht ist das immer nur eine Sache der Einstellung.

Oft hat es zu tun mit Begriffen wie: Beobachten, Loslassen, Geschehenlassen, offen sein, unvoreingenommen sein und sehr oft mit dem Gefühl für den richtigen Zeitpunkt.

Auch wenn es jetzt vielleicht ein komisches Beispiel ist, aber es trifft genau den Kern der Sache: Wenn ich mich zu früh auf die Toilette setze, wenn ich also gar nicht muss, sitze ich oft eine längere Zeit vergeblich und mühe mich ab (falscher Zeitpunkt, erzwingen wollen, Anstrengung).

Wenn ich auf Toilette gehe, sobald ich muss, so ist es eine Sache von kurzer Dauer (richtiger Zeitpunkt, geschehen lassen, Mühelosigkeit).

Was passiert, wenn ich zu spät gehe, brauche ich nicht eigens erwähnen, oder?

Der richtige Zeitpunkt, der Punkt der Mühelosigkeit, ist immer in der Mitte zwischen den Extremen...

„Dao", manchmal auch „Tao" geschrieben, ist die Schreibweise des chinesischen Wortes für „Weg" oder auch Methode, also die Art und Weise, wie die Dinge getan werden. Aus dem Japanischen meistens „Do" geschrieben, (das ganz vielen Kampfkünsten angehängt ist, z.B. dem Ju-Do, dem Aiki-Do oder dem Taekwon-Do).

Dahinter verbirgt sich auch die große Philosophie des Daoismus. Aus meiner Sicht gibt es das „Dao", das mehr den Weg des Menschen darstellt, und zum Zweiten das „Dao" sozusagen den „großen Weg" des Universums. Das praktische „Dao" ist somit für mich der Weg zum philosophischen „Dao". Im folgenden Text wird „Dao" also synonym für dieses philosophische „Dao" benutzt.

Wer diesem großen „Dao" folgt, beschreitet den Weg der Mühelosigkeit oder auch den „natürlichen Weg". Ein Teil des Schriftzeichens für diesen Weg bedeutet auch „der Lauf des Wassers" und Wasser fließt bekanntlich. In diesen Fluss der Dinge möchte der „Mensch des Dao" kommen.

Was ich an der Sichtweise des Dao im Gegensatz zu vielen Religionen und Weltanschauungen so mag, ist die völlige Unkompliziertheit. Es gibt nichts, wozu ich gezwungen werde und niemanden, der mich zwingt. Da ist nichts, vor dem ich Angst haben oder mich gar schuldig fühlen müsste.

Das „Dao" ist ganz einfach. Lies den letzten Satz bitte mehrmals durch und spiele mit der Betonung, damit du die Doppeldeutigkeit erkennst. Die Einstellung, die sich für das Leben gewinnen lässt, ist eine sehr natürliche. Alles geschieht ungezwungen und unverkrampft. Locker und leicht.

Das klingt beinahe wie ein Werbeslogan. Vielleicht ist es das sogar. Ja, sei frei und ungezwungen. Lasse dich nicht beeinflussen von dem Trubel der Zeit. Die Welt wird immer komplexer und damit nehmen auch die Komplexe der Menschen zu.

Wir werden immer häufiger gezwungen, gegen unsere eigene Natur zu handeln. Oder zwingen wir uns selber?

Befreie dich davon. Das Einzige, was du hierbei tun kannst, ist, diesen Wunsch in dir freizusetzen. Beobachte alle Vorgänge ganz aufmerksam, ohne den Versuch, einzugreifen oder zu lenken. Der Rest geschieht von ganz alleine. Überlasse dich dem Fluss der natürlichen Ordnung, der göttlichen Führung.

Du kannst das „Dao" als intelligenten Rhythmus bezeichnen, der von alleine das Richtige bewirkt. „Dao" ist - wie gesagt - wie der Lauf des Wassers. Alan Watts philosophierte sinngemäß: Du kannst das „Dao" erahnen aber nicht fassen, so wie du einen Fluss nicht in einen Eimer füllen könntest oder den Wind in eine Tüte. Die Worte des weisen Laotse kennst du bereits: „Das Dao, das man in Worte fassen kann, ist nicht das ewige Dao".

Die Weltanschauung hinter dem „Dao" ist die, dass jedes Geschehen nur in Beziehung zu allen anderen koexistiert. Die größte Wahrheit des „Dao" steckt in so einfachen Sätzen wie den folgenden:

„Wenn du hungrig bist, dann iss, wenn du durstig bist, dann trinke und wenn du müde bist, dann lege dich schlafen. Der Narr wird darüber lachen, doch der Weise wird dich verstehen."

Oder, wie es Raymond Smullyan formuliert hat:

„Der Weise schläft nicht ein, weil er es soll. Nicht einmal, weil er es will, sondern weil er müde ist."

Der Daoist ist einer, der nicht so sehr das sucht, was ihm fehlt, sondern genießt, was er hat.

Lerne, der uralten Philosophie des „Dao" nachzugehen, die dem „Lauf des Wassers" intelligent folgt und das menschliche Leben als integralen Bestandteil des ganzen Weltprozesses sieht, nicht als etwas Fremdes und ihm Entgegengesetztes.

Mache dir keine Gedanken über das 'Wie' oder 'Warum'. Das „Große Dao" ist das, von dem du nicht abweichen kannst; das, von dem du abweichen kannst, ist nicht das „Große Dao". Dein „Selbst" ist untrennbar von diesem Universum und du hast keinen anderen Ort. Es gibt keinen anderen Weg als den Weg, den du gehst. Ob du willst oder nicht, du bist dieser Weg und gehst mit ihm.

Wichtig ist, dass du dich selbst nicht allzu ernst nimmst. Lache, auch über dich selbst. Das ist heilsam und befreiend. Als Kind konnten wir Spaß und Freude erleben. Warum haben wir diese Haltung durch eine andere ersetzt, die behauptet, das Leben sei bitterernst? Genieße dein Dasein.

Dazu benötigst du keinen Guru und keine Religion. Ich zitiere noch einmal Raymond Smullyan:

„Um jeden Preis mussten die Christen Heiden und Atheisten von der Existenz Gottes überzeugen, um deren Seele zu retten. Um jeden Preis mussten die Atheisten den Christen beweisen, dass ihr Glaube an Gott lediglich eine kindische und primitive Einbildung war, die der Sache des eigentlichen gesellschaftlichen Fortschritts ungeheuren Schaden zufügte. Also kämpften sie und rannten und schossen sich gegenseitig über den Haufen. Währenddessen sitzt der daoistische Weise ruhig an einem Fluss, hat vielleicht einen Gedichtband, Wein und sein Malzeug bei sich und genießt frohen Herzens das Dao, ohne sich je darum zu sorgen, ob es existiert oder nicht. Der Weise muss seine Kraft nicht auf das Dao verschwenden; er ist vollauf damit beschäftigt, es zu genießen."

Du suchst nach einem Sinn hinter allen Dingen. Das ist müßig. Der Sinn des Lebens ist das Leben selbst. Das ist alles. Und das ist schön. Mehr gibt es dazu nicht zu sagen.

Menschen können dir auf deinem Weg helfen, dir Wegweiser sein, dich unterstützen. Sie können aber nie deinen Weg gehen (der einmalig ist so wie du). Leider geben nur allzu oft manche Menschen anderen einen Weg vor und zwingen sie, diesen dann auch zu gehen (und dieser Weg besteht selten aus Individualität und Freiheit). Viele scheinen sich zudem immer weniger selbst zu vertrauen und trauen sich somit auch nicht mehr, ihren eigenen Weg zu gehen. Deshalb brauchen sie Lehrer und Führer.

Aber ein echter Lehrer und guter Führer ist für mich unbedingt jemand, der zwar Begleiter und Berater (eben der Wegweiser) sein kann, aber eben nicht der Ver-Führer oder gar Tyrann, der seinen eigenen Weg zum Weg der anderen macht. Andere können immer nur „Geburtshelfer" sein, das „Kind" (im übertragenen Sinn) zur Welt bringen kannst immer nur du selbst.

Wu Wei

Wu Wei (eigentlich: Wei Wu Wei) wird gerne als das Grundprinzip der daoistischen Denkweise genannt. Meist wird es mit Handeln durch Nicht-Handeln übersetzt.

Damit ist leider schon der Grundstein für ständige Fehlinterpretationen gelegt. Wu Wei klingt dann nämlich wie ein Aufruf zum Nichtstun, zum Passiv-Sein, eine Aufforderung zum Faulsein und zum Müßiggang.

Das ist jedoch nicht richtig.

Auch wenn der „Mensch des Dao" das Leben genießt, weiß er dennoch, wann er handeln muss. Ja gerade, weil er weiß, wann er zu handeln hat und wann nicht, kann er das Leben genießen.

Das Leben enthält immer Yin- UND Yang-Aspekte, immer ein

Für und Wider. Jede Medaille hat ihre zwei Seiten. Es gibt für alles eine rechte Zeit und eine schlechte Zeit. Es gibt für alles ein rechtes Maß und ein schlechtes Maß.

Wenn dein Leben nicht so verläuft, wie du es dir vorstellst und du somit nicht vollauf frei und glücklich bist, dann kannst du sicher sein, dass du weder dem „Dao" noch seinem Prinzip des Wu Wei folgst.

Eine weitere Übersetzung mit „Geschehenlassen" ist ebenfalls häufig falsch verstanden. Sie hört sich wie ein Freifahrtschein für alles an. Da kann einem wirklich alles egal sein. Das „Dao" wird es schon richten. So funktioniert es allerdings nicht.

Wenn ich auf die andere Seite des Flusses will, ist es intelligent, der Strömung zu folgen, anstatt gegen sie anzuschwimmen. Aber es ist nicht klug, einfach am Ufer stehen zu bleiben. Dann passiert nämlich überhaupt nichts (wobei du dich dazu entschließen kannst, doch dann hört allmählich die Bewegung in deinem Leben auf - und nur was sich bewegt, lebt).

Das Dao gibt dir die Freiheit, zu schwimmen oder stehenzubleiben, das heißt, deinem Glück zu folgen oder nicht. Du kannst dich jederzeit entscheiden. Du kannst dir das Leben erleichtern, wenn du mit den Dingen fließt. Du kannst es aber genausogut auch bleiben lassen.

Egal, wie du dich entscheidest, das „Große Dao" bleibt das „Große Dao". Nur für dich selbst macht es einen gehörigen Unterschied. Du machst es dir selbst leicht im Leben oder erschwerst dir dein Dasein.

Zurück zum Wu Wei. Ich übersetze es gerne mit „Nicht-Handeln beim Handeln". Hier wird etwas deutlicher, dass du durchaus aktiv werden kannst, vielleicht musst. Das Nicht-Handeln bezieht sich mehr auf deine Einstellung und deine Gefühle beim Handeln.

Du wirst mir sicherlich zustimmen, dass es nicht von Intelligenz zeugt, einfach in deinem Bett liegen zu bleiben, wenn das Haus in Flammen steht (falsche Interpretation von Wu Wei). Hier musst du also handeln. Doch ist es genauso wenig hilfreich, wenn du nun überreagierst und durchdrehst, weil deine Gefühle mit dir durchgehen.

Angst ist in einer solchen Situation völlig normal. Dennoch darfst du dich nicht von deinen Gefühlen überwältigen lassen. Du solltest inmitten der Flammen einen kühlen Kopf bewahren, um den besten und schnellsten Weg zu finden, dich zu retten. Das ist das Nicht-Handeln. Es ist ein Nicht-Behaftetsein. Du betrachtest deine Handlung beinahe losgelöst, wie von außen.

Ein anderes Beispiel. Du schenkst jemandem etwas Wertvolles (Handeln). Wenn du nun erwartest, dass sich diese Person über das Geschenkte freut, kannst du Glück haben oder enttäuscht werden. Das würde nicht dem Prinzip des Nicht-Handelns entsprechen. Du kannst selbstverständlich die Absicht haben, mit deinem Geschenk Freude zu bereiten, doch frei von der Erwartung bleiben. Hier bedeutet das Nicht-Handeln also Erwartungslosigkeit. Dadurch, dass du nicht erwartest, dass sich der Beschenkte freut, bist du freier.

Grundsätzlich bedeutet das, du machst dich und deine Gefühle, deine Stimmung, nicht abhängig von der Handlung oder Reaktion anderer und auch nicht von den Geschehnissen, die du nicht beeinflussen kannst.

Du tust, was du tun kannst, lässt jedoch deine Vorstellung vom Endergebnis los. Tu, was du tust, weil du es tust, nicht, um damit etwas zu bezwecken.

Wu Wei ist ein Zustand des Losgelöstseins bei gleichzeitiger Verbundenheit mit allem.

Wu Wei ist die Kunst, zum richtigen Zeitpunkt das Richtige zu tun. Das „Dao" gibt dir hierbei sogar Hilfestellung, wenn du es zulässt. Du bist ein Teil des „Großen Dao" und damit ist das „Große Dao" ein Teil von dir. Überlasse dich dieser inneren Kraft durch Nicht-Eingreifen, dann erhältst du Führung. Das ist mit Wu Wei gemeint: Innere Gelassenheit und inneres Nicht-Eingreifen.

Das ist der Yin-Yang-Aspekt: Innere Gewissheit, im Außen das Richtige zu tun.

Du fragst dich, wie du diese Gewissheit erlangst? Es gibt so etwas wie die „innere Stimme", die dir genau sagt, wo es lang geht. Wenn du das Gefühl für diese intuitive Kraft erst einmal entwickelt hast, dann weißt du, wie du diese erkennen und sie von dem Chaos der „plappernden Stimmen" in deinem Kopf unterscheiden kannst.

Es ist ein ganz klares Gefühl, bei dem du – tief in deinem Innern - wirklich „weißt", dass das Vorhaben, die Richtung, die du einschlagen willst, mit dir übereinstimmt. Du erkennst deinen Weg. Dieses Gefühl kann allerdings in vollem Gegensatz zu deinem „inneren Schweinehund" und deinem „inneren Kritiker" stehen.

Beide sind Erzeugnisse deines Egos (du erinnerst dich?) und lähmen deine Kraft. Der „Schweinehund", indem er dir Trägheit, Faulheit und Müßiggang unterbreitet. Schnelle, leichtere und verführerische Wege, die kurzfristiges Glück auf der Basis von Bequemlichkeit versprechen.

Der „Kritiker", indem er dich zum Vergleich mit anderen auffordert und dir einredet, dass du nicht gut genug bist, egal was du tust und wie sehr du dich anstrengst - und so weiter.

Beide reden dir im Namen gesellschaftlicher Normen wie Sicherheit, Moral und Gemeinwohl ein schlechtes Gewissen ein, und fordern dich auf, alles so zu lassen, wie es ist. Du bist in einer Abwärtsspirale gefangen. Diese zu durchbrechen, kostet einiges an Bewusstheit und Beobachten. Aber es lohnt sich.

In Wirklichkeit weißt du jetzt, dass du nur dann glücklich sein und um deinen Platz und deine Aufgabe in der Welt wissen kannst, wenn du „Deinen Weg" gehst. Und nur wenn du deinen Weg gehst, wirst du mehr Glück, Vitalität und Lebensfreude erhalten. Nur dann wirst du Sinn in deinem Tun und Handeln sowie in deinem gesamten Leben erkennen. Dann bist du in einer Aufwärtsspirale und hast das Gefühl, alles wird besser.

Vorsicht: Hier meldet sich dann sehr oft der gesellschaftliche Moralapostel wieder, der dir vorhält, dass du es nicht zu gut haben darfst, wo es doch noch so vielen Menschen auf der Welt schlecht geht. Du darfst nicht reich sein, nicht immer nur gesund, nicht immer nur glücklich. Das ist ungerecht.

Aber du weißt nun, dass auch das nicht stimmt. Wenn mehr Menschen ihre Trägheit überwinden und ihrer inneren Stimme und somit dem „Dao" intelligent folgen würden, ginge es ihnen allen besser. Dir ist jetzt klar, dass dann jeder seinen Platz im Leben und somit in der Gesellschaft hätte. Jeder besäße seine Aufgabe und seine verantwortungsvolle Rolle. Der Mensch des „Dao" ist wie kein anderer fähig, Verantwortung zu übernehmen. Er möchte völlig frei sein von allen emotionalen Verstrickungen. Frei von allen falschen Moralvorstellungen und lähmenden Stimmen. Doch nur wer bereit ist, für sein Tun und Nicht-Tun völlige Verantwortung zu übernehmen, erlangt wirkliche Freiheit. Das ist zugleich der Grund, warum gar nicht so viele Menschen frei sein wollen. Weil es anders herum viel bequemer ist. Abhängigkeit ist oft auch Annehmlichkeit.

Wie steht es mit Dir?

Ich möchte dich noch einmal an einen Satz von vorhin erinnern. „Auch wenn der „Mensch des Dao" das Leben genießt, weiß er dennoch, wann er handeln muss. Ja gerade, weil er weiß, wann er zu handeln hat und wann nicht, kann er das Leben genießen."

Überlege noch einmal genau, was das bedeutet. Faulheit und Trägheit sind genauso wie übermäßiger Stress und Hetze Extremzustände. Beide führen zu keinem vernünftigen Ergebnis.

Beide Zustände sind unintelligent und nicht-fließend. Wenn du dir die Natur ansiehst, dann stellt sie alles mit einer gewissen Leichtigkeit an. Sie lebt mit dem „Dao". Es gibt keinen Stress und keine Hetze. Alles braucht seine Zeit.

Dennoch gibt es in der Natur keinen Müßiggang, keine Bequemlichkeit. Alles ist in ständiger beflissener Bewegung.

Kein Baum sagt, „ich lasse meine Blätter diesen Winter hängen, ich muss sie ja im nächsten Frühling sowieso wieder wachsen lassen". Nein, denn er „weiß", das wäre sein Ende. Er sagt aber genauso wenig, „meine Blätter müssen in diesem Frühling in der Hälfte der Zeit herangewachsen sein, ich muss Zeit sparen und schneller üppiger aussehen als mein Nachbar". Nein, der Baum kennt keine Hektik und keinen Wettbewerb. Er ist nicht emotional behaftet. Er tut, was er tut, weil er „weiß", wann es gut und richtig ist. Das ist intelligenter Rhythmus.

Kein Eichhörnchen käme auf die Idee, für den nächsten Winter keine Nüsse zu sammeln, weil es seine Trägheit nicht überwinden kann. Es „weiß", das wäre sein Ende. Es kommt aber auch nicht auf die Idee zu sagen, „ich sammle diesen Winter dop-

pelt so viele Nüsse, damit ich mehr habe als mein Nachbar".
Ein Eichhörnchen kennt keinen Neid, keine emotionale
„Behaftung". Das Eichhörnchen tut, was es tut, weil es „weiß",
wann es gut und richtig ist. Das ist intelligenter Rhythmus.

Darum ist die Natur glücklich. Sie ist „in der Mitte".

Noch einmal: Wu Wei ist die Kunst, zum richtigen Zeitpunkt
das Richtige zu tun. Nur du kannst „wissen", was das ist und
wann das ist!

Also: Du kannst es völlig ungezwungen und spielerisch einfach
mal ausprobieren. Aus dem „Großen Dao" kannst du nicht
herausfallen, wenn du deinem eigenen „Dao" folgst. Was hast
du also zu verlieren? Ich kann dich nur ermutigen, aus eigener
Erfahrung sagen: Es lohnt sich!

Schlusswort

Du selbst - das große Ziel

Abschließend möchte ich dir noch einmal ans Herz legen, (wieder) mehr auf dich selbst zu hören.

Wenn ich mir einige Menschen heutzutage anschaue, dann stelle ich immer wieder fest, dass sie in beinahe jedem Bereich ihres Lebens nicht das tun, was sie tun wollen, sondern das tun, was alle tun, was gerade „in Mode" ist.

Alle fahren E-Bike. Alle fahren E-Roller. Alle tragen weite Hosen. Alle tragen enge Hosen. Alle essen Vollkorn. Alle leben vegan. Alle denken positiv. Alle besuchen Motivationsseminare. Alle haben Aktien. Alle investieren in Kryptowährung. Alle machen Yoga. Alle besuchen ein Coaching. Alle trainieren eine Kampfkunst. Und alle hören alles schnell wieder auf, bevor sie es überhaupt richtig kennengelernt haben. Niemand setzt sich mehr intensiv mit einer Sache auseinander.

Woran liegt das? Vielleicht daran, dass heute alle die gleichen Informationen bekommen und den gleichen Manipulationen ausgesetzt sind. Schau dir sogenannte „Informationsmedien" unter diesem Gesichtspunkt an. Selbst bei Büchern ist das inzwischen so. Da gibt es bestimmte Themengebiete, die gerade modern zu sein scheinen und dann schießen die Bücher dazu wie die Pilze aus dem Boden.

Achte einmal darauf, wie viele Bücher es heute über ein und dasselbe Thema gibt. Wenn du dir einmal die Mühe machst, mehrere davon zu lesen, dann wirst du feststellen können, dass da kaum etwas anderes drin steht. Man hat den Eindruck, als ob jeder vom anderen abgeschrieben hätte.

Auch ich habe in diesem Buch die Ideen anderer Menschen mit eingeflochten. Doch ich habe sie (hoffentlich ausreichend) mit meinen eigenen Sichtweisen verbunden und verwoben.

Ich finde heute kaum noch Bücher, in denen zum Ausdruck kommt, dass jemand neue Ideen einbringt oder interessante Inhalte neu miteinander verknüpft, geschweige denn, den Mut für provokativen Widerspruch aufbringt.

Dabei ist es doch gerade das, was den Menschen von einer Maschine unterscheidet. Wenn ich hundert Computer mit ein und derselben Information füttere, dann spucken sie hundertmal eben genau diese wieder aus. Das nennt man Programm. Wenn ich aber nur zwei Menschen die gleiche Information gebe, dann können sie etwas völlig anderes daraus machen. Das ist Kreativität. Das ist schöpferische Energie (Kian).

Lass keinen Roboter aus dir machen!

Ein zweiter Punkt, der mich beinahe schockiert, ist der, dass die Menschen so von ihrem Selbst getrennt sind, dass sie eben diesen Informationen und allen anderen Menschen mehr Glauben und Vertrauen schenken, als sich selbst.

Steht da irgendwo oder sagt da irgendwer, man müsse jetzt drei Liter pro Tag trinken oder dies oder jenes essen, weil das die eigene Gesundheit fördere, dann trinken jetzt alle drei Liter pro Tag oder nehmen das ominöse Produkt X zu sich. Ob Sie jetzt Durst haben oder nicht, darauf kommt es nicht an. Ob das Produkt wirklich eine Wirkung erzielt oder nicht, ist egal. Hauptsache, man kann mitreden.

Mache dir bewusst, dass man versucht hat, dir von klein auf dein Selbstvertrauen und deine eigene Stimme abzuerziehen. Dir wurde schon sehr früh beigebracht, anderen mehr Glauben und Vertrauen zu schenken, als dir selbst. Du durftest deinen Eltern, Lehrern, allgemein allen Erwachsenen nicht widersprechen. Du wurdest systematisch deiner Fähigkeit beraubt, kritisch zu sein. Warum?

Jemanden, der zur Hilflosigkeit erzogen ist, den kann man leichter beeinflussen. Er kann besser manipuliert und zum eigenen Vorteil ausgenutzt werden. Er kann leichter zu falscher Liebe „genötigt" werden. So einem Menschen kann man leichter einreden, dass er Produkt X eben unbedingt braucht und ihn dann kräftig zur Kasse bitten.

Bücher werden zu Dogmen. Persönliche Meinungen werden zur allgemeingültigen Wahrheit hochstilisiert und Institutionen und deren Vertreter werden zur absoluten Autorität. Titel und Positionen zählen mehr als der Mensch dahinter!

Was wäre, wenn wir gar keine Ärzte bräuchten, weil wir ein völlig ausreichendes Selbstheilungspotential besitzen?

Was wäre, wenn wir keine Pharmaindustrie und deren Medikamente bräuchten? (Wie hat die Menschheit denn eigentlich die hunderttausende Jahre vor unserer Zeit ohne sie überlebt? Waren unsere Vorfahren alle immer ständig krank?)

Was wenn wir keine Versicherungen bräuchten, weil es Sicherheit ohnehin nicht gibt?

Was wäre, wenn wir keine Unterhaltungsmedien und -elektronik bräuchten, keine Handy's und PC's, weil wir alle für unsere Unterhaltung und Abenteuer selbst sorgen würden?

Was, wenn wir keine Schulen und Ausbildungszentren bräuchten, weil uns die Familie oder Kleingruppen oder wir uns selbst alles nötige beibringen könnten?

Was wenn wir nur soviel Informationen bekämen, wie wir auch verarbeiten können?

Was wenn wir mehr in die Tiefe gingen, als für immer mehr Oberflächlichkeit zu sorgen?

Was wäre, wenn es kein „was wäre wenn" gäbe...

Gib deine naturgegebene Macht nicht aus den Händen. Lebe kein Leben aus zweiter Hand. Lebe selbst. Werde dein eigener Mensch.

Ich hoffe, mit diesen Zeilen verdeutlicht zu haben, dass es nur eine Person gibt, der du wirklich Glauben und Vertrauen schenken kannst. Und das bist DU SELBST.

Danke, dass du ein Stück Weg mit mir gemeinsam gegangen bist!

Denk immer daran: Du bist die Verbindung vom Kleinen zum Großen. Du bist Tai Chi! Und du bist der 'Kleine Weg' des 'Großen Weges'. Du bist Teil des ewigen Dao.

Das Leben aus deiner Mitte heraus wird dich verändern und bereits dadurch, dass du beginnst, dich zu verändern, veränderst du ALLES.

Leben ist eine Reise, bei der du schon immer am Ziel warst.

Ich wünsche dir eine wunderschöne Reise!

Dein

boris

boris felix bankl

Kampfkunstlehrer und Coach mit sonderpädagogischer Ausbildung: "Ich sammle seit über 35 Jahren intensive Erfahrungen in verschiedensten Kampfkünsten. Davon habe ich 20 Jahre Kampfkunst und Selbstverteidigung, Tai Chi und Qi Gong sowie spezielle Formen des Coachings unterrichtet.

Für mich war die Kampfkunst schon immer mehr als nur eine Möglichkeit, das Kämpfen zu lernen. Mich faszinierte die körperliche Entwicklung in ihrer Vielfältigkeit, darüber hinaus aber auch die dahinter stehenden philosophischen Konzepte, die im alltäglichen Leben eine große Kraft und Hilfe bieten können. Kampfkunst entwickelt den Menschen zu einer umfassend ausgebildeten Entität und gibt eine aus Ruhe erwachsende Stärke und Sicherheit."

Kontakt zum Autor: bfb@kunkiandao.de

Vom Autor gibt es noch weitere Bücher zu ähnlichen Themen-
bereichen. Zu finden bei: bod.de/buchshop/
oder bei anderen Buch-Anbietern...

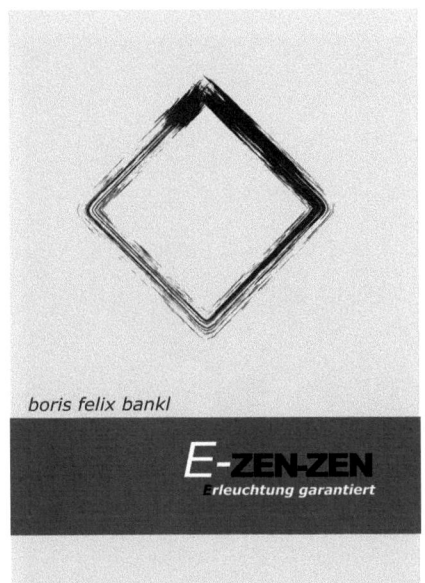

E-ZEN-ZEN – Erleuchtung garantiert

In diesem kleinen Band sind einige "modernisierte" Versionen alter Weis-
heiten zu finden und darüber hinaus weiteres Sinnvolles und Sinnloses, das
uns helfen kann, aus dem normalen Gedankentrott auszubrechen und dem
"Erwachen" ein Stück näher zu kommen. Durch teils ernste, teils spaßige
Sprüche, unlösbare Fragen und andere Ungereimtheiten führt der Autor
geradewegs zur Erleuchtung, mindestens bringt er der Heiterkeit nahe. Ein
Werk für alle, die nach einer neuzeitlich angepassten Form der Meditation
suchen. Mit einem Augenzwinkern eröffnet dieses Büchlein einen unver-
krampften Weg der Selbsterkenntnis - für alle Philosophen, Nachdenker,
Sinnsucher und solche, die es werden wollen.

10,00 €
ISBN: 978-3-7534-7742-8

Buchempfehlung: „Das magische Tagebuch - Lias Geheimnis".

Kinder- und Jugendroman

Die 14-jährige Mila soll ihre Sommerferien bei den Großeltern auf dem Land verbringen. Davon ist sie erst überhaupt nicht begeistert, denn es scheinen die langweiligsten Ferien der Welt zu werden. Als sie dann aber ein geheimnisvolles Tagebuch findet, ahnt sie nicht, welches Abenteuer auf sie zu kommt...

9,99 €
ISBN: 978-3-7526-6753-0

Zu finden bei: bod.de/buchshop/
oder bei anderen Buch-Anbietern...